PAUL METZGER (HG.)

Die Konfession Jesu

V&R

VANDENHOECK & RUPRECHT
IN GÖTTINGEN

BENSHEIMER HEFTE
Herausgegeben vom Evangelischen Bund
Heft 112

Die Deutsche Bibliothek – CIP-Einheitsaufnahme

Ein Titeldatensatz für diese Publikation ist bei
Der Deutschen Bibliothek erhältlich.

klimaneutral
natureOffice.com | DE-293-901386
gedruckt

Umschlagbild: shutterstock.com
Herstellung: Ph. Reinheimer GmbH, Darmstadt
ISSN-Nr. 0522-9014
ISBN 978-3-525-87203-1

INHALTSVERZEICHNIS

EINLEITUNG

Von Paul Metzger

Was will man mit Jesus von Nazareth anfangen? Ist er ein Studienobjekt historischer Wissenschaft, die aus kulturellem Interesse nach ihm fragt? Oder ist er der Bezugspunkt des persönlichen Glaubens, der im Leben und im Sterben Orientierung stiftet? Der Fokus der Fragestellung birgt bereits Ergebnisse und weitere Fragen.

Nachdem die Frage nach Jesus von Nazareth auch nach einem Jahrhundert der Kritik an der historischen Jesusforschung (z.B. Albert Schweitzer, Rudolf Bultmann) nicht zur Ruhe gekommen ist, wird immer deutlicher, dass eine plausible, theologische Notwendigkeit die Frage nach Jesus voran treibt. Innerhalb der Exegese lassen sich dabei auch durchaus verlässliche Forschungsergebnisse aufzeigen, doch bereitet deren Rezeption immer wieder Probleme, wenn es innerhalb der systematischen oder praktischen Theologie darum geht, Jesus von Nazareth zu verstehen.

Weil sich die Frage nach Jesus demnach durch historische Forschung weder beantworten noch beruhigen lässt, bleibt sie der theologischen Wissenschaft genauso aufgegeben wie der kirchlichen Praxis. Da sich ohne gute Wissenschaft aber kaum gute Praxis ausführen lässt, muss die Wissenschaft immer wieder neu die Frage nach Jesus angehen und für die kirchliche Wirklichkeit fruchtbar aufbereiten. Aus theologischer Notwendigkeit heraus müssen die in diesem Kontext erarbeiteten exegetischen Ergebnisse in das Gespräch sämtlicher theologischer Disziplinen so eingebracht werden, dass sie goutiert werden können. Die Bereitschaft anderer Disziplinen, dies dann auch zu tun, wird dabei vorausgesetzt. Leider scheinen die theologischen Disziplinen nicht nur in dieser Fragestellung zuweilen eher nebeneinander her zu reden als miteinander. Systematische Entwürfe scheinen oft die neuesten Ergebnisse der Bibelwissenschaft kaum aufzunehmen, während auf der anderen Seite die philosophischen Implikationen dogmatischer Urteilsbildung im Bereich der exegetischen Disziplinen kaum zum Tragen kommen. Im Hinblick auf die verschiedenen Fragen nach Jesus ist aber bemerkenswert und aufschlussreich, dass in den letzten Jahren evangelischer- und katholischerseits nicht nur aus den Händen von Bibelwissenschaftlern (Jens Schröter, Gerd Theißen) Jesusbücher erschienen sind, sondern Jesus von Nazareth auch aus systematisch-theologischer Perspektive in den Blick genommen wird (Joachim Ringleben, Joseph Ratzinger/Benedikt XVI.). Die Entwürfe treffen sich darin, dass sie der bibelwissenschaftlichen Arbeit zwar zugetan sind, sie aber auf je ihre Art doch zu ergänzen oder zum Teil zu ignorieren suchen. Das wirft verschiedene Fragen auf. Von Seiten der exegetischen Arbeit wird dabei gefordert, dass die Systematik sich stärker auf das Gespräch mit den neuen Ansätzen der Exegese einlassen soll, während umgekehrt die Exegese dazu aufgefordert wird, entweder in den Grenzen der klassischen historischen Kritik zu verbleiben oder andererseits aufzubrechen und in das Gespräch mit der Fundamentaltheologie einzutreten, um sich selbst als Methode weiterzuentwickeln.

Im vorliegenden Band treffen sich ausgesuchte Repräsentanten verschiedener theologischer Disziplinen und Konfessionen zum Gespräch über Jesus. Im Rahmen der 55. Europäischen Tagung für Konfessionskunde des Konfessionskundlichen Instituts in Bensheim vom 4. und 5. März 2011 wurden dabei Perspektiven entwickelt, die alle gemeinsam haben, dass sie auf je ihre Art die historische Frage nach Jesus von Nazareth auf ihre Bedeutung für die je eigene Disziplin beantworten.

THOMAS SÖDING führt in seinem Beitrag zunächst den aktuellen Stand der historischen Frage nach Jesus vor. Er überblickt die Debatten um diese Frage, die zum heutigen Stand geführt haben und bewertet umsichtig ihre Stärken und Irrwege. Aktuell sieht er die Jesusforschung auf neuen Wegen und blickt auf die interessante Arbeit aus, in der die Exegese „einen fundamentaltheologischen Ehrgeiz" entwickelt. Er plädiert – völlig zu Recht – dafür, dass die Exegese nicht davon dispensiert werden darf, die Wahrheitsfrage an die Texte zu stellen und es als ihren eigenen Arbeitsbereich auszuweisen hat, die Relevanz der biblischen Texte für den modernen Menschen deutlich zu machen. Exegese muss sich als dezidiert theologische Disziplin begreifen, wenn sie nicht lediglich als historische Wissenschaft mit begrenztem Einzugsbereich marginalisiert werden will. Sie soll laut SÖDING „an hermeneutischer Attraktivität" gewinnen, um in das theologische Gespräch um die Bedeutung des Wortes Gottes für die Gegenwart eintreten zu können.

Vor einer Überforderung der Exegese warnt wiederum MARTIN KARRER in seinen Perspektiven auf Jesus von Nazareth. In erstaunlicher Übereinstimmung mit der Forderung von Papst Benedikt XVI., man müsse Jesus auch heute noch begegnen können, sieht KARRER einzelne Herausforderungen und Irritationen, die die historische Frage nach Jesus heute aufwirft und die darauf hinauslaufen, dass zur Begegnung mit Jesus gerufen wird. KARRER stellt klar: „Der Jesus der Exegese ruft ins Bekenntnis."

Aus systematischer Perspektive nähern sich JOHANNA RAHNER und NOTGER SLENCZKA der Thematik an. JOHANNA RAHNER blickt aus römisch-katholischer Perspektive auf die Jesusforschung und zeichnet die Fragestellung in ein modernes Christentum ein, das unter einer Glaubenskrise leidet und den Herausforderungen des interreligiösen Dialogs begegnen muss. Im Hinblick auf das moderne „Weihnachtschristentum" versucht sie den „inneren Glutkern aller Christologie" so freizulegen, dass die Konzeption einer modernen Christologie anschlussfähig an die „als Suchbewegung zu beschreibende anthropologische Grundstruktur der Sinnfrage in der späten Moderne wird."

NOTGER SLENCZKA nimmt die Herausforderung der Tagung an, die nach seinem Empfinden implizit „eine kritische Rückfrage an die systematische Theologie" enthalte und begegnet ihr dankenswerterweise „mit entschiedener Rauflust". In sechs Thesen entwickelt er einen Gedankengang, der die Relevanz der historischen Frage nach Jesus im Rahmen der systematischen Theologie evangelischer Provenienz verdeutlicht. SLENCZKA konzentriert die Relevanz der Fragestellung auf ihre anthropologische Aussagekraft. Er erteilt sowohl der Hoffnung eine Absage, die „die Kontinuität von Irdischem und Verkündigtem ausweisen zu können" aufbrach, als auch dem Wunsch, „im Ausgang vom historisch Feststellbaren eine angeblich besser fundierte Christologie entwerfen zu können". Sein Motiv für die Beschäftigung mit der historischen Frage nach Jesus „verdankt sich der Einsicht, dass der in den Evangelien zu beobachtende Vorgang, dass der irdische Lebensvollzug eines Erniedrigten mit Hoheitsprädikaten umgeben wird, etwas über die je eigene Existenz sagt, die erfasst, dass in den Aussagen über die Niedrigkeit des Menschen über ihn, den Hörer des Wortes, gesprochen wird, und dass in den Hoheitsprädikaten auch er kontrafaktisch neubestimmt wird."

HELMUT SCHWIER unternimmt den mühsamen, aber durchaus lohnenden Versuch, die Frage nach Jesus im Kontext der praktischen Theologie zu verfolgen. Er zeigt, wo sich Jesus-Forschung in Gottesdienst, Predigt und Unterricht niederschlägt und versucht, daraus Konsequenzen für die ganze Disziplin zu entwickeln. Er plädiert „dafür Sorge zu tragen, dass unsere Praxis als vom Gott des Sohnes bestimmt und gefüllt reflektiert wird" und ruft dazu auf, „Gottesdienst, Predigt und Unterricht in der Zuversicht zu gestalten, dass Gott sich auch in ihnen hervorbringt und Glauben schafft."

Zwei Beiträge ergänzen die Tagung bzw. den vorliegenden Band.

Im Rahmen der Tagung stellte JOACHIM RINGLEBEN das bereits erwähnte Buch „Jesus. Ein Versuch, zu begreifen" (Tübingen 2008) den Teilnehmenden vor. Er insistiert darauf, Gott konsequent von Jesus her zu denken und erkennt in Jesus die Gottwerdung Gottes als Vater Jesu. Seinen Ausführungen zufolge ist Gottes Sein im „Werden zu sich", als Vater des Sohnes. Gott bringt sich am Orte Jesu durch sein schöpferisches Reden selbst hervor.

Dass dieses Buch RINGLEBENS von PAPST BENEDIKT XVI. im Vorwort des 2. Bandes seines Jesus-Buchs erwähnt wird, zeigt nicht nur die Bedeutung dieses protestantischen „Bruders", sondern auch die gemeinsame Suchbewegung von römisch-katholischer und evangelischer Theologie um die Sache selbst. Gleichzeitig zeigt dies deutlich, dass die Jesus-Bände des Papstes zwar nicht eigentlicher Gegenstand der Tagung waren, aber doch in der Diskussion – ob unterschwellig oder offen – ständig präsent. Deshalb schien es auch geboten, sie einer eigenen Betrachtung zu würdigen. Dies hat MARTIN BAUSPIEß in einer ausführlichen Besprechung unternommen, die den vorliegenden Band beschließt. Er zeichnet darin ausführlich und gründlich den Gedankengang Joseph Ratzingers nach und hinterfragt diesen kritisch. Er kommt u.a. zu dem erstaunlichen Ergebnis, dass Ratzinger der historischen Methode zu viel Gewicht beimisst und hinterfragt insbesondere die Motivation der historischen Frage nach Jesus. Als Methode – so BAUSPIEß – sei „die historisch-kritische Exegese schon allein durch die Tatsache gerechtfertigt, dass es sich bei den neutestamentlichen Texten um historisch gewachsene Literatur handelt." Sie bedürfe daher „keiner eigenen theologischen Begründung." Sie könne „zeigen, wie das Zeugnis von Jesus Christus in veränderten Diskussionslagen unterschiedlich zur Sprache gebracht worden ist. Daran kann die theologische Reflexion anknüpfen, die diesen Interpretationsprozess auf seine innere Konsistenz und theologische Sachgemäßheit hin befragt."

Insgesamt zeigt der Band, dass die konfessionellen Unterschiede im Hinblick auf die praktische Arbeit der theologischen Disziplinen zuweilen stark zurücktreten, insbesondere in der exegetischen Arbeit. Allerdings differiert der Horizont, in dem theologische Wissenschaft insgesamt betrieben wird, hinsichtlich der verschiedenen konfessionellen Prägungen. Das dringendste Problem, das alle Konfessionen angehen sollten, scheint vor allem die Vermittlung und Anschlussfähigkeit theologischer Wissenschaft in den Lebensraum des modernen Menschen zu sein. Die abnehmende Bindekraft und Deutungskompetenz aller Kirchen einerseits und das ungebrochene Interesse an Jesus von Nazareth andererseits deuten darauf hin, dass das Gespräch zwischen Theologie, Kirche und Gesellschaft zu leise geworden ist – wenn es denn überhaupt geführt wird.

Die gemeinsame Aufgabe von Theologie und Kirche bleibt damit der Ausweis gegenüber der Gesellschaft, dass und inwiefern der christliche Glaube dem modernen Menschen dabei helfen kann, sich, Gott und die Welt zu verstehen und ihm so letztlich die Möglichkeit gelingenden Lebens vor Augen stellt.

AUF DER SUCHE NACH NEUEN WEGEN

Der Stand der exegetischen Jesusforschung

Von Thomas Söding

Der Stand der exegetischen Jesusforschung ist durch die Suche nach neuen Wegen gekennzeichnet.[1] Es gilt, Lehren aus der Geschichte zu ziehen und neue Modelle zu entwickeln. Die Leistungsfähigkeit der historisch-kritischen Exegese steht auf dem Prüfstand, weil ihr Geschichtsbild Risse erhalten hat und ihre Hypothesen widersprüchlich geblieben sind[2]; die konfessionellen Differenzen sind überholt, weil die heutigen Methoden, Interessen und Resultate evangelischer und katholischer Exegese weitgehend deckungsgleich sind[3]; die Exegese hat das Meinungsmonopol verloren, weil sich Dogmatiker mit programmatischen Beiträgen an der Debatte beteiligen[4]. Die Kon-

---

[1] Cf. CHRYSTIAN BOYER – GÉRARD ROCHAIS (ed.), *Le Jésus de l'histoire à travers le monde. The Historical Jesus around the World* (Religiologiques), Montreal 2009.

[2] Cf. THOMAS SÖDING (ed.), *Geist im Buchstaben? Neue Wege in der Exegese* (QD 225), Freiburg – Basel – Wien 2007.

[3] Die beiden führenden Jesusbücher historisch-kritischer Bauart machen das ebenso anschaulich wie die Sympathisanten kanonischer Exegese; cf. einerseits JOHN P. MEIER, *A Marginal Jew. Rethinking the Historical Jesus I-III* (The Anchor Bible Reference Library), New York 1991.1994.2001; GERD THEIßEN – ANNETTE MERZ, *Der historische Jesus. Ein Lehrbuch*, Göttingen [3]2001 ([1]1996); andererseits BREVARD S. CHILDS, *Die Theologie der einen Bibel I-II* (amerik. 1992), Freiburg – Basel – Wien 1994.1996; GIUSEPPE SEGALLA, *Teologia Biblica del Nuovo Testamento. Tra memoria escatologica di Gesù e promessa del futuro regno di Dio* (Logos. Corso di Studi Biblici 8/2), Torino 2006.

[4] Üblicherweise arbeitet die systematische Theologie mit dem *status quaestionis* der Exegese, der mehr oder weniger stark affirmiert oder kritisiert wird. JOSEPH RATZINGER / BENEDIKT XVI. *(Jesus von Nazareth I-II,* Freiburg – Basel – Wien 2007.2011) hingegen beansprucht, eine Rekonstruktion der Verkündigung Jesu zu entwickeln, die durch das Feuer der historischen Kritik gegangen ist und die Aktualität Jesu durch den konsequenten Bezug auf das lebendige Wort Gottes erschließt, mit dem Jesus eins sei, wird aber mit der Kritik konfrontiert, der Härte historischer Kritik auszuweichen. JOACHIM RINGLEBEN *(Jesus. Ein Versuch zu begreifen,* Tübingen 2008) legt eine Exegese des Markusevangeliums und seiner synop-

troversen sind stark, die Aussichten auf eine konstruktive Debatte gut.[5]

1. Vergangene Debatten

ALBERT SCHWEITZER hat für die evangelische Leben-Jesu-Forschung des 19. Jahrhunderts ein prunkvolles Requiem gehalten.[6] Mit der katholischen Jesusforschung meinte er sich kaum beschäftigen zu müssen[7], weil sie daran interessiert war, die Mysterien des Lebens Jesu zu erzählen[8], und unter dem Druck des antimodernistisch engagierten Lehramtes kaum zur Entfaltung kommen konnte.[9] Auch der pietistischen Exegese

---

tischen Nachbarn vor, die das Menschsein Jesu anhand seiner erzählten Geschichte so begreifen soll, dass es nur von Gott her verstanden werden kann, wie Gott vom Menschen Jesus her, und lässt sich deshalb in der Auslegung auf eine intensive Diskussion mit der historisch-kritischen Exegese über den Wirklichkeitsbezug und das Deutungspotential der biblischen Texte ein, muss aber die Orientierung an der Evangelienform vor der historischen Kritik rechtfertigen, die gerade sie in Frage stellt, und das Erzählen als eine genuine Form der Christologie ins Verhältnis zum Begreifen setzen.

[5] Die Debatte hat neu begonnen; cf. JENS SCHRÖTER – RALPH BRUCKER (ed.), *Der historische Jesus. Tendenzen und Perspektiven der gegenwärtigen Forschung* (BZNW 114), Berlin 2002; VOLKER SPANGENBERG – ANDRÉ HEINZE (ed.), *Der historische Jesus im Spannungsfeld von Glaube und Geschichte,* Leipzig 2010; CHRISTIAN DANZ – MICHAEL MURRMANN-MANZ (ed.), *Zwischen historischem Jesus und dogmatischem Christus. Zum Stand der Christologie im 21. Jahrhundert* (Dogmatik in der Moderne 1), Tübingen 2010.

[6] *Geschichte der Leben-Jesu-Forschung* (1906/1913), Nachdruck ed. Otto Merk (UTB 1302), Tübingen [9]1984.

[7] In der 1. Auflage befasste er sich (*ib.* 180-192) mit ERNEST RENAN (*Vie de Jésus,* Paris 1863), in der 2. Auflage ging er kurz (*ib.* 567-570) auf ALFRED LOISY (*Jésus et la tradition évangélique*, Paris 1910) ein. Beide waren in der katholischen Szene Außenseiter.

[8] Cf. KARL RAHNER, Mysterien des Lebens Jesu, in: *LThK*[2] 7 (1962) 721s. In der 3. Auflage des Lexikons fehlt das Stichwort ebenso wie in der *RGG*[4] und in der *TRE.*

[9] Die paradoxe Situation, dass man bei den römischen Stellen, die sich für zuständig erklärten, die besseren wissenschaftlichen Argumente zu haben glaubte und deshalb gegen die modernistischen Versuchungen vorging, wird in der Selbstdarstellung der Bibelkommission zur Hundertjahrfeier nachvollziehbar: PONTIFICIA COMMISSIONE BIBLICA, *Atti delle Giornata Celebrativa per il 100° Anniversario di Fondazione della Pontificia Commissione Biblica* (Collana Documenti Vaticani), Città del Vaticano 2003.

schenkte er wenig Aufmerksamkeit[10], weil sie große Vorbehalte gegen liberale Theologie hegte und die Treffsicherheit wie die Reichweite der historischen Bibelkritik bezweifelte[11], aber den Anschluss an die Moderne verpasst zu haben schien. Es war eine ausgesprochen protestantische Exegese, die Schweitzer so interessant fand, dass er sie in einer Wolke von Komplimenten verschwinden lassen wollte. Die Leben-Jesu-Forschung nahm sich die Freiheit vom Dogma, um Jesus zu erkennen, wie er wirklich gewesen sei. Das war das Programm des Historismus, durchgeführt an der zentralen Gestalt der Geschichte; es war geprägt von der Absage an den herrschenden Offenbarungsglauben mit seinem Optimismus in übernatürlichen Dingen, der in der Neuzeit durch das Aufkommen der Naturwissenschaften auf eine harte Probe gestellt, aber durch eine kryptorationalistische Offenbarungstheologie mit früher nie gekannter Verve vertreten worden war. Nach Schweitzer ist das ambitionierte Programm, ein Leben Jesu zu schreiben, gescheitert – nicht weil es zu wenig historisch und kritisch gewesen wäre, sondern weil es dem Subjektivismus Tür und Tor geöffnet hätte; denn erschrocken von der Erfahrung, dass Jesus, dem sie nahekommen wollten, ihnen unter der Hand entschwand, um sich in seine eigene Zeit zurückzuziehen, hätten die Forscher ihm Leben einhauchen wollen und doch nur ihre eigenen Ideen auf ihn projizieren können, so dass der Anspruch größtmöglicher Objektivität auf die denkbar größte Subjektivität hinausgelaufen sei.

Da aber Schweitzers eigene Lösung, die unter dem Namen einer konsequenten Eschatologie[12] diskutiert wird, ihrerseits weder exegetisch noch hermeneutisch zu überzeugen ver-

---

[10] Diskutiert wird sie bei WERNER GEORG KÜMMEL, *Das Neue Testament. Geschichte der Erforschung seiner Probleme* (Orbis Academicus), München ²1970 (¹1958).

[11] *Pars pro toto:* THEODOR ZAHN, *Geschichte des neutestamentlichen Kanons I: Das Neue Testament vor Origenes,* Erlangen 1888/1889, *II: Urkunden und Belege zum ersten und dritten Band,* Erlangen – Leipzig 1890/1892; *Grundriß der Geschichte des neutestamentlichen Kanons,* Leipzig ⁴1904 (1901). Nachdruck Wuppertal 1985. Dazu UWE SWARAT, *Alte Kirche und Neues Testament. Theodor Zahn als Patristiker* (Monographien und Studienbücher 342), Wuppertal 1991.

[12] Vorgegeben durch JOHANNES WEISS, *Die Predigt Jesu vom Reiche Gottes* (1892), ed. Ferdinand Hahn mit einem Geleitwort von Rudolf Bultmann, Göttingen ³1964.

mochte, weil sie *nolens volens* der Moralisierung und Historisierung Jesu Vorschub leistete[13], war die Frage nach den Möglichkeiten und dem Stellenwert der Rückfrage neu eröffnet. Anfang des 20. Jahrhunderts verdienen zwei konträre Antworten große Aufmerksamkeit.

Bekannt ist die Position, die RUDOLF BULTMANN bezog. Obgleich er die *Geschichte der synoptischen Tradition* verfasste[14] und als Autor eines formidablen Jesusbuches hervortrat[15], lag der Skopos seiner theologischen Arbeit in der hermeneutischen Relativierung der historischen Rückfrage. Denn nach dem ersten Satz seiner *Theologie des Neuen Testaments*[16] gehört die Verkündigung Jesu nur zu den Voraussetzungen, nicht aber zum Gehalt der christlichen Theologie, die sich vielmehr aus dem Osterkerygma ergebe. Mit dieser steilen These schienen hinreichende Vorkehrungen getroffen, die theologische Urteilsbildung von den immer unsicheren und womöglich katastrophalen Ergebnissen historischer Recherchen abzukoppeln; aber es wurde erstens ein hoher Tribut an den Existenzialismus entrichtet, der mit seiner ahistorischen Anthropologie auch das Jesusbuch charakterisiert[17], und zweitens der merkwürdige Eindruck erweckt, man könne Christologie ohne Jesus treiben, während doch die Pointe der Osterevangelien die Identifizierung des Auferstandenen als Jesus von Nazareth ist. Insofern konnte es weder beim historischen Pessimismus noch beim hermeneutischen Optimismus Bultmanns bleiben.

Unbekannt ist die Position, die ERIK PETERSON[18] markiert hat. Sie lässt sich erst jetzt durch die breit angelegte Edition aus-

---

[13] Eine freundliche Würdigung nimmt allerdings MARCUS J. BORG vor: *Jesus today. The Legacy of Albert Schweitzer* (Cole Lectures), Vanderbilt University 2000. Eine Huldigung ist das Buch von WERNER ZAGER, *Liberale Exegese des Neuen Testaments. David Friedrich Strauß – William Wrede – Albert Schweitzer – Rudolf Bultmann,* Neukirchen-Vluyn 2004.

[14] *Die Geschichte der synoptischen Tradition* (1921), ed. GERD THEISSEN (FRLANT 29), Göttingen [10]1995.

[15] *Jesus* (1926), Tübingen 1964.

[16] *Theologie des Neuen Testaments* (1953), ed. Otto Merk, Tübingen [9]1984.

[17] Die positiven Einflüsse verstärken die meisten Beiträge in ULRICH H. KÖRTNER (ed.), *JESUS IM 21. JAHRHUNDERT. Bultmanns Jesusbuch und die heutige Jesusforschung,* Neukirchen-Vluyn 2002.

[18] Cf. BARBARA NICHTWEISS, *Erik Peterson. Neue Sicht auf Leben und Werk,* Freiburg – Basel – Wien [2]1994 ([1]1992).

gewählter Schriften bestimmen[19], die Publiziertes und Unpubliziertes, Vorlesungen, Briefe und Notizen zum Vorschein bringt. Peterson liebäugelte mit eher konservativen Positionen der Einleitungswissenschaft, kritisierte aber an Bultmann und mehr noch an ADOLF VON HARNACK[20] vor allem die Loslösung Jesu von der Kirche[21]. Die Alternative sei eine Neuauflage der Leben-Jesu-Mysterien; denn durch sie lasse sich der hegelianische Begriff der Selbstoffenbarung Gottes in Jesus Christus, der in der Gefahr des theologischen Dezisionismus stehe, zugunsten einer Konkretion der Offenbarungsgeschichte überwinden, die den öffentlichen und kirchlichen Charakter des Evangeliums begründe.[22] Allerdings steht dieses Konzept in der Gefahr, der historischen Kritik den Stachel zu ziehen und das „Ein für allemal" des Christusgeschehens, von dem die historische Jesusforschung theologisch lebt, zu relativieren.

Der Bultmann-Schüler und Peterson-Hörer ERNST KÄSEMANN hat aus den Aporien beider Konzepte herauszuführen versucht.[23] Explizit gegen Bultmann und implizit mit Peterson begründete er die theologische Notwendigkeit und den theologischen Stellenwert der Geschichte Jesu, weil nur so der sublime Doketismus existentialer Theologie überwunden werden könne. Implizit gegen Peterson und explizit mit Bultmann begründete er die Notwendigkeit einer Kriteriologie, die zwischen genuin Jesuanischem und sekundär Redaktionellem zu unterscheiden erlaube. Entscheidend sei das Kriterium der Differenz: „Einigermaßen sicheren Boden haben wir nur in einem einzigen Fall unter den Füßen, wenn nämlich eine Tradition aus irgendwelchen Gründen weder aus dem Judentum abgeleitet noch der Urchristenheit zugeschrieben werden kann, speziell

---

[19] Unter der Ägide von BARBARA NICHTWEISS sind seit 1994 in Würzburg bislang acht von geplanten zwölf Bänden *Ausgewählte Schriften* erschienen.
[20] *Das Wesen des Christentums* (1900). Neuauflage zum 50. Jahrestag des ersten Erscheinens mit einem Geleitwort von Rudolf Bultmann, Stuttgart 1950.
[21] Cf. ERIK PETERSON, *Theologie und Theologen. Texte* (Ausgewählte Schriften 9/1), ed. BARBARA NICHTWEISS, Würzburg 2009, 562-571.
[22] Grundgelegt in: Was ist Theologie? (1925), in: *Theologische Traktate* (Ausgewählte Schriften 1), ed. BARBARA NICHTWEISS, Würzburg 1994.
[23] Das Problem des historischen Jesus (1953), in: id., *Exegetische Versuche und Besinnungen I-II*, Göttingen 1960, I 187-214 (dort 205 das folgende Zitat); Sackgassen im Streit um den historischen Jesus (1964), *ib.* II 31-68.

dann, wenn die Judenchristenheit ihr überkommenes Gut als zu kühn abgemildert hat." Weitere Kriterien können ergänzende Funktionen übernehmen: Das Kriterium der Kohärenz blende konvergierende Traditionen ein, zu denen es jüdische und christliche Parallelen gebe; das Kriterium der vielfachen Bezeugung trage dem Umstand Rechnung, dass solche Überlieferungen, die auf verschiedenen Wegen das Licht des Kanons erblickt haben, nicht gut ausgeblendet werden können.

Die Wirkung dieses Vorstoßes war groß, aber ambivalent. Auf der einen Seite hat die Kriteriologie – mehr oder weniger stark variiert – zahlreiche evangelische und katholische Jesusbücher inspiriert, namentlich in Deutschland.[24] Auf der anderen Seite hat sie durch den Vorrang des Differenzkriteriums den Abstand zwischen dem „historischen Jesus" und dem „verkündigten Christus" methodisch vergrößert und dadurch die Christologie, die nur um Jesu willen getrieben werden kann, in eine Legitimationskrise gestürzt.[25]

---

[24] Genannt seien MARTIN DIBELIUS – WERNER GEORG KÜMMEL, *Jesus,* Berlin [4]1966 (1939); GÜNTHER BORNKAMM, *Jesus von Nazareth* (UB 19), Stuttgart et al. [15]1995 ([1]1956); NORMAN PERRIN, *Was lehrte Jesus wirklich? Rekonstruktion und Deutung,* Göttingen 1972 (engl. 1967); HERBERT BRAUN, *Jesus – der Mann aus Nazareth und seine Zeit* (1969), Stuttgart et al. 1984; HERBERT LEROY, *Jesus. Überlieferung und Deutung* (EdF 95), Darmstadt [3]1999 ([1]1978); HUBERT FRANKEMÖLLE, *Jesus. Anspruch und Deutungen,* Mainz 1979; TRAUGOTT HOLTZ, *Jesus aus Nazaret. Was wissen wir von ihm?,* Zürich et al. 1981 (1979); JOACHIM GNILKA, *Jesus von Nazaret – Botschaft und Geschichte* (HThK.S 3), Freiburg – Basel – Wien 1990; JÜRGEN BECKER, *Jesus von Nazareth,* Berlin – New York 1996; RUDOLF HOPPE, *Jesus. Von der Krippe an den Galgen,* Stuttgart 1996; JACQUES SCHLOSSER, *Jésus de Nazareth,* Paris 2002; LUDGER SCHENKE ET AL., *Jesus von Nazareth – Spuren und Konturen,* Stuttgart 2004. Eine andere Spur, die von der Kritik der historischen Kritik durch die biblische Theologie gelegt wird, führt über LEONHARD GOPPELT (*Theologie des Neuen Testaments,* ed. Jürgen Roloff, Göttingen 1976) zu JÜRGEN ROLOFF, *Jesus,* München 2000.

[25] JOACHIM JEREMIAS *(Neutestamentliche Theologie I: Die Verkündigung Jesu,* Gütersloh [2]1973), suchte sie dadurch zu lösen, dass er nach dem Schema „Ruf Jesu" – „Antwort der Gemeinde" (cf. EDUARD LOHSE ET AL. [ed.], *Der Ruf Jesu und die Antwort der Gemeinde. Exegetische Untersuchungen.* FS Joachim Jeremias, Göttingen 1970) einerseits durch forcierte Einzelstudien das Gebiet historischer Verlässlichkeit in der Evangelienüberlieferung zu erweitern trachtete, andererseits aber die Neuheit der Auferstehung relativierte, unterschätzte dabei jedoch nicht nur die Krise des Karfreitags und den Neubeginn des Ostertages, sondern fixierte sich auch auf die Suche nach *ipsissima verba,* deren Charakteristika zunehmend undeutlich wurden.

Gerhard Ebeling[26] und Hans Urs von Balthasar[27] haben das Problem scharf gesehen; beide haben den *missing link* im Glauben Jesu gesucht[28]; beide haben sich für eine theologische Schriftauslegung entschieden, der eine allerdings in programmatischer Nähe zur historisch-kritischen Exegese, weil er sowohl ihre fundamentaltheologische Kompetenz zu schätzen wusste als auch eine Affinität zum *sola scriptura* der Reformation zu erkennen glaubte[29], der andere in programmatischer Distanz zu ihr, weil er ihr vorhielt, aus weltanschaulichen Gründen die Gottesfrage auszuklammern und deshalb weder den buchstäblichen noch den geistlichen Schriftsinn zu erfassen[30]. Die Exegese kann sich in diesen Streit nicht einmischen, ohne ihrerseits ein hermeneutisches Problembewusstsein zu entwickeln; sie profitiert aber von ihm, weil er die theologische Brisanz nicht nur ihrer Forschungsergebnisse, sondern auch ihrer Forschungsmethoden deutlich macht.

2. Gegenwärtige Debatten

Die gegenwärtige Jesusforschung hat sich weniger im Dialog mit der systematischen Theologie und der Philosophie orientiert denn im Austausch mit den Literatur- und Kulturwissenschaften, der Historik und der Judaistik.[31] Durch religionsgeschichtliche Forschungen sind die Pluralität und Dynamik, die Identität und Qualität des frühen Judentums in weit größeren Dimensionen und Konkretionen als früher vorstellbar geworden. Durch Studien zur Archäologie und Geographie, zur So-

---

[26] Die Frage nach dem historischen Jesus und das Problem der Christologie (1959), in: id., *Wort und Glaube (I),* Tübingen [3]1967, 300-318.
[27] Wort, Schrift, Tradition (1949), in: id., *Verbum Caro. Skizzen zur Theologie I,* Einsiedeln 1960, 11-27; *Theologik III: Der Geist der Wahrheit,* Einsiedeln – Trier 1987.
[28] Gerhard Ebeling, Jesus und Glaube (1958), in: id., *Wort und Glaube (I)* 203-254; Hans Urs von Balthasar, Fides Christi, in: id., *Sponsa Verbi, Skizzen zur Theologie II,* Einsiedeln [3]1971 ([1]1960), 45-79; *Herrlichkeit III/2.2: Neuer Bund,* Einsiedeln 1969, 122ss.
[29] Die Bedeutung der historisch-kritischen Methode für die protestantische Theologie und Kirche (1950), in: *Wort und Glaube (I)* 1-49.
[30] *Theodramatik I: Prolegomena,* Einsiedeln 1973, 26-29; *Theodramatik II/2: Die Personen in Christus,* Einsiedeln 1978, 53-135.
[31] Den Ertrag sichern Kurt Erlemann et al. (ed.), *Neues Testament und antike Kultur I-V,* Neukirchen-Vluyn 2004-2008.

ziologie und Ökonomie, zur Politik und zum Recht Galiläas, Judäas und Jerusalems sind die Lebensverhältnisse Jesu und seiner Jünger klarer geworden, die Möglichkeiten und Grenzen der Traditionsbildung, die latenten und offenen Konflikte der Jesusbewegung, die Voraussetzungen und Perspektiven, die Probleme und Chancen der Evangeliumsverkündigung. Durch Untersuchungen zur Form und Genese der Evangelien, zum Prozess der Kanonisierung und zur Bildung der Apokryphen hat sich der Blick für den literarischen Charakter und die theologischen Interessen der Evangelien geschärft und damit die Basis für die historische Recherche gefestigt.

Wo es an hermeneutischer Reflexion mangelt, werden die großen Möglichkeiten, die sich aus diesem Forschungsgespräch ergeben, zu wenig genutzt und bisweilen zur Fehlerquelle. Wo diese Reflexion hingegen explizit oder implizit geschieht, gewinnt die Jesusforschung neue Optionen. Probleme entstehen regelmäßig, wenn partikulare Einsichten verallgemeinert werden; neue Einsichten werden gewonnen, wenn aus anderen Blickwinkeln bisher verborgene Aspekte der Geschichte und Verkündigung Jesu zum Vorschein gebracht werden. Es öffnet den Blick, wenn Jesus in den geschichtlichen Kontext jüdischen Lebens eingebettet wird[32]; es verstellt den Blick, wenn die Gestalt Jesu in eine soziale Bewegung eingeordnet wird, die zwar seinen Namen trägt, aber ihn selbst in den Hintergrund drängt[33]. Es vertieft die Eindrücke von Jesus, wenn er als Jude

---

[32] Das kann in dem Interesse geschehen, die historische Substanz der Evangelienüberlieferung zu erweisen, so bei MARTIN HENGEL – ANNA MARIA SCHWEMER, *Jesus und das Judentum* (Geschichte des frühen Christentums 1), Tübingen 2007, oder eine alternative Sicht zur christologischen Deutung Jesu in den Evangelien zu begründen, so bei MARTIN EBNER, *Jesus von Nazareth. Was wir von ihm wissen können,* Stuttgart 2007; cf. ID., *Jesus – ein Weisheitslehrer? Synoptische Weisheitslogien im Traditionsprozeß* (HBS 15), Freiburg – Basel – Wien 1998. Das eine Mal wird die Strategie einer Plausibilisierung, das andere Mal einer Perspektivierung verfolgt. Dieser Interpretationskonflikt kann nicht durch eine Intensivierung der Einzelforschung, sondern nur der hermeneutischen Reflexion gelöst werden.

[33] In dieser Gefahr stehen LUISE SCHOTTROFF – WOLFGANG STEGEMANN, *Jesus von Nazareth – Hoffnung der Armen* (UB 639), Stuttgart u.a. [2]1981 ([1]1978). Weitsichtig ist die Skepsis, mithilfe diachronischer Analysen einen Kernbestand echter Jesusworte von sekundären Zusätzen zu unterscheiden; kurzsichtig der Primat der Ekklesiologie vor der Christologie, der dem Verfahren innewohnt, weil der Primat des Ereignisses vor dem Zeugnis nicht methodisch eingeholt wird.

aus Galiläa[34] betrachtet wird, der in Jerusalem fremd gewesen ist[35]; es verflacht das Profil Jesu, wenn der Tempelkonflikt[36] auf einen Stadt-Land-Gegensatz zurückgeführt wird[37]. Es erweitert den Horizont der Jesusforschung, wenn apokryphe Evangelien[38] auch bei der historischen Arbeit in Betracht gezogen werden, weil sie durchaus Facetten der Botschaft Jesu widerspiegeln können[39]; es verstellt den Zugang zu Jesus, wenn den Apokryphen eine hermeneutische Dominanz zuerkannt wird[40], weil die philologische Basis der Konstruktion brüchig ist und „mehr kalifornisches als galiläisches Lokalkolorit" sichtbar wird[41].

Wie immer aber diese Studien verbesserungsfähig und -bedürftig sein mögen, haben sie theologisches Gewicht: Sie wehren einer Idealisierung Jesu; sie forcieren das historische Interesse an Jesus, das von der systematischen Theologie und der kirchlichen Lehre aus inkarnations- wie paschatheologischen oder aus anthropologischen und soteriologischen Gründen nur

---

[34] Cf. JÜRGEN ZANGENBERG – HAROLD W. ATTRIDGE – DALE B. MARTIN (ed.), *Religion, Ethnicity, and Identity in Ancient Galilee. A Region in Transition* (WUNT 210), Tübingen 2007; CARSTEN CLAUSSEN – JÖRG FREY ET AL. (ed.), *Jesus und die Archäologie Galiläas* (BThSt 87), Neukirchen-Vluyn 2008.

[35] Cf. SEAN FREYNE, *Jesus, a Jewish Galilean. A New Reading of the Jesus-Story*, London 2004.

[36] Zu den Dimensionen und Phasen der Auslegung cf. CHRISTINA METZDORF, *Die Tempelaktion Jesu. Patristische und historisch-kritische Exegese im Vergleich* (WUNT II/168), Tübingen 2003.

[37] GERD THEISSEN hat sich in seinen *Studien zur Soziologie des Urchristentums* (WUNT 19, Tübingen ^{2}1983) auf diesen Zug konzentriert (Die Tempelweissagung Jesu. Prophetie im Spannungsfeld von Stadt und Land [1976], *ib.* 142-159), in seinem Jesusbuch zusammen mit ANNETTE MERZ aber die Kultkritik in prophetischer Tradition betont (*Jesus* 380s.).

[38] Cf. JÖRG FREY – JENS SCHRÖTER (ed.), *Jesus in apokryphen Evangelienüberlieferungen. Beiträge zu außerkanonischen Jesusüberlieferungen aus verschiedenen Sprach- und Kulturtraditionen* (WUNT 254), Tübingen 2010.

[39] Methodisch erarbeitet von JENS SCHRÖTER, *Erinnerung an Jesu Worte. Studien zur Rezeption der Logienüberlieferung in Markus, Q und Thomas* (WMANT 76), Neukirchen-Vluyn 1997.

[40] Cf. BURTON L. MACK, *A Myth of Innocence. Mark and Christians Origins*, Philadelphia 1988; *The Christian Myth. Origins, Logic, and Legacy*, New York 2001; *Christian Mentality. The Entaglements of Power, Violence, and Fear*, London 2010; JOHN DOMINIC CROSSAN, *Der historische Jesus* (engl. 1991), München 1994; *God and Empire. Jesus against Rome, then and now*, San Franciso, Calif. 2007.

[41] GERD THEIẞEN – ANNETTE MERZ, *Jesus* 29.

begrüßt werden kann; sie konkretisieren, was die Dogmatik unter offenbarungstheologischen Vorzeichen postulieren muss, aber nicht produzieren kann, ohne sich ihrerseits der historischen und philologischen Arbeit der Exegese zu unterziehen; sie setzen sich der offenen Diskussion der Moderne über die Gründe und Grenzen des Anspruchs absoluter Heilswahrheit aus, die von den Evangelien mit Jesus verbunden wird und die von den Dogmen aus den Glaubenskämpfen ihrer Zeit heraus gesichert werden sollten; sie aktualisieren in den Diskursen der Postmoderne den antignostischen Grundzug neutestamentlicher Christologie.

Die entscheidende Veränderung der Versuchsanordnung im exegetischen Labor hat sich aus dem jüdisch-christlichen Dialog ergeben. In einer „Hermeneutik nach Auschwitz" können die neuen Einsichten in die Geschichte und Kultur des frühen Judentums auf fruchtbaren Boden fallen. Im Zuge einer tiefgreifenden Neuorientierung der gesamten Theologie[42] werden auch die Beziehungen zwischen Jesus und den jüdischen Bewegungen seiner Zeit neu bestimmt, einschließlich seines Verhältnisses zu Israel und zur Heiligen Schrift des Alten Testaments.

Eine katalytische Bedeutung haben jüdische Jesusforschungen erlangt. Sie sind zwar in der christlichen Theologie bis heute nicht von derselben hermeneutischen Kraft wie die jüdischen Exegesen der Bibel Israels, weil sie in der Erschließung des jüdischen Umfeldes Jesu keinen privilegierten Beobachterstatus reklamieren können und in der Distanz zur Christologie der Gottessohnschaft Jesu die bekannte Unterscheidung zum Christentum nachvollziehen. Aber sie haben nicht nur vielen die Augen für die jüdischen Wurzeln des Christentums geöffnet, sondern auch den Kern des christologischen Problems präpariert. Weitgehend folgen sie der Linie, die JOSEF KLAUSNER[43] und MARTIN BUBER[44] ausgezogen haben: Der Glaube Jesu ver-

---

[42] Katholische Bestandsaufnahmen, die allerdings erhebliche Phasenverschiebungen zwischen den Disziplinen erkennen lassen, sammeln PETER HÜNERMANN – THOMAS SÖDING (ed.), *Methodische Erneuerung der Theologie. Konsequenzen der wieder entdeckten jüdisch-christlichen Gemeinsamkeiten* (QD 200), Freiburg – Basel – Wien 2003.

[43] *Jesus von Nazareth,* Jerusalem ^{3}1952 (^{1}1930).

[44] *Zwei Glaubensweisen,* Zürich 1950.

binde Juden und Christen, der Glaube an Jesus trenne sie. Demnach gehört Jesus mit seiner Verkündigung der Gottesherrschaft ganz in die Religions- und Theologiegeschichte Israels, während erst die Theologie des Kreuzes und der Auferweckung, wie sie via Paulus vor Augen trete, den Unterschied markiere.[45] Freilich setzt dies voraus, dass die christologischen Motive der Evangelien als sekundär betrachtet werden, wie dies eine Konsequenz der Distinktionen Käsemanns ist. Es wirft auch die Fragen auf, wie schnell sich die Kirche wirklich vom Judentum gelöst hat und wie stark die Kreuzes- und Auferweckungstheologien, die Inkarnations- und Epiphaniechristologien den hermeneutischen Horizont des Judentums verlassen.

Nach JACOB NEUSNER[46] hingegen beginnt die Unterscheidung nicht erst mit der Verkündigung der Auferstehung, sondern der Gottesherrschaft. Wie immer es um die historische Substanz von Hoheitstiteln, Leidensprophetien und christologischen Debatten im Munde Jesu bestellt sein möge, gehörten sie doch zum kanonischen Gedächtnis Jesu, das allein für das Christentum Autorität habe, und verwiesen auf einen unerhörten Anspruch Jesu, im Namen Gottes zu reden, der sich in seiner überlieferten Gesetzesauslegung ebenso wie in den Antithesen und in den Jüngerberufungen nicht anders als in den Streitgesprächen zeige.

Deshalb konfrontieren die jüdischen Forschungsbeiträge die christliche Exegese erneut mit der prinzipiellen Frage, wie sich die österliche Christusverkündigung mitsamt den neutestamentlichen Jesusgeschichten zur Methodik und zum Ergebnis historischer Rückfrage verhält. Auf breiter Linie hat die Exegese, um im jüdisch-christlichen Gespräch antworten zu können,

---

[45] DAVID FLUSSER, *Jesus* (1968), überarbeitet von Wolf-Dietmar Priemer (Rowohlts Monographien 50632), Reinbek b. Hamburg [4]2006; GEZA VERMES, *Jesus der Jude. Ein Historiker liest die Evangelien* (engl. 1983), Neukirchen-Vluyn 1993; *The Religion of Jesus the Jew,* London 1993; *The Changing Faces of Jesus,* London 2000; *The Authentic Gospel of Jesus,* London 2003; *Die Passion. Die wahre Geschichte der letzten Tage Jesu,* Darmstadt 2006; cf. IRVING M. ZEITLIN, *Jesus and the Judaism of His Time,* Cambridge 1988; BEATRICE BRUTEAU, *Jesus through Jewish Eyes. Rabbis and Scholars Engage an Ancient Brother in a New Conversation,* New York 2001.

[46] *Jews and Christians. The Myth of a Common Tradition,* London 1991; *Telling Tales. Making Sense of Christian and Judaic Nonsense. The Urgency and Basis for Judaeo-Christian Dialogue,* Louisville 1993; *Ein Rabbi spricht mit Jesus* (amerik. 1993), Freiburg – Basel – Wien 2007.

einen hermeneutischen Paradigmenwechsel vollzogen. Hatte Käsemann Jesus im wesentlichen aus dem Kontrast zum zeitgenössischen Judentum heraus zu verstehen versucht, wobei ihn nicht subkutaner Antijudaismus, sondern protestantische Gesetzeskritik beeinflusst zu haben scheint, entwickelt GERD THEISSEN im genauen Gegensatz ein „Kriterium der Kontinuität“[47], demzufolge nur das als jesuanisch gelten könne, was sich einerseits, auch in seinen individuellen Pointen, aus dem Kontext des frühen Judentums heraus verstehen und andererseits die Wirkung Jesu in der Jüngergemeinschaft plausibel werden lasse, freilich besonders dort, wo sich Widersprüche zu christologischen Trends und Spitzentexten des Urchristentums erkennen ließen, während Konvergenzen Verdacht erregen sollten.

Die Neujustierung der Kriterien hat zu einer Fülle von Jesusbüchern geführt, deren gemeinsames Thema die substantielle Zugehörigkeit Jesu zum Judentum ist: Er sei einer der jüdischen Reformer; er habe nie und nimmer an eine Kirche, kaum an seinen Tod und seine Auferstehung, keinesfalls an seine Gottessohnschaft gedacht[48], aber die Notwendigkeit der Umkehr, der Gesetzeserfüllung, der Kultkritik und der Gerechtigkeit für die Armen gepredigt.[49]

Allerdings muss bei einem solchen Ansatz erst noch ausgeleuchtet werden, welches christologische, soteriologische und ekklesiologische Bedeutungspotential sich in den Gleichnissen und Seligpreisungen, in den Gebeten und Jüngerbelehrungen,

---

[47] Cf. GERD THEISSEN – DAGMAR WINTER, *Die Kriterienfrage in der Jesusforschung. Vom Differenzkriterium zum Plausibilitätskriterium* (NTOA 34), Freiburg – Göttingen 1997.

[48] In extremer Weise prägt diese Prämisse das Verfahren und die Resultate im amerikanischen „Jesus Seminary“, das die Beschlusslage der Teilnehmer über „echt“ und „unecht“ von Jesustraditionen der kanonischen Evangelien und des Thomasevangeliums in verschiedenen Farben (schwarz – grau – rosa – rot) transparent macht; cf. ROBERT W. FUNK – ROY W. HOOVER – JESUS SEMINARY (ed.), *The Five Gospels. The Search for the Authentic Words of Jesus,* New York 1993.

[49] Cf. LAURENZ VOLKEN, *Jesus der Jude und das Jüdische im Christentum,* Düsseldorf [2]1985 ([1]1983); JAMES LESLIE HOULDEN, *Jesus. A Question of Identity,* London 1992; ID. *Jesus in History, Thought, and Culture. An Encyclopedia,* Santa Barbara 2003; ID., *Jesus. The Complete Guide,* Continuum International Public Group 2005; HUBERT FRANKEMÖLLE, *Der Jude Jesus und die Ursprünge des Christentums,* Mainz 2003; PAUL HOFFMANN, *Jesus von Nazaret und die Kirche. Spurensicherung im Neuen Testament,* Stuttgart 2009.

in den Aussendungs- und Endzeitreden, in den Therapien und Exorzismen Jesu ansammelt.[50] Die Kontextualisierung Jesu im Judentum führt dann zu einer hermeneutischen Reduktion, wenn sie die explizite und implizite Christologie, die Jesus von den Evangelien zugeschrieben wird, systematisch ausblendet und die Heilsbedeutung seiner Worte und Taten, seiner Gesten und Zeichen methodisch einschränkt. Diese Reduktionen sind aber durch die gewählte Methode nicht gedeckt, sondern hängen von zahlreichen Zusatzannahmen ab, die eher den Prämissen der älteren Forschungsgeschichte und den Plausibilitäten eines modernen Weltbildes als den historischen Zeugnissen aus der Zeit Jesu, jüdischen wie christlichen, entsprechen und das theologische Niveau jüdischer Gottesreichvisionen und Gottesvolkvorstellungen, mögen sie auch nur von Minderheiten profiliert worden sein, unterschreiten. Im Gegenteil ist die Einordnung Jesu in den geschichtlichen Kontext des frühen Judentums die Kehrseite seiner Zuordnung zur Erwählungs- und Hoffnungsgeschichte des Gottesvolkes und insofern von grundlegender theologischer Bedeutung. Die Kontextualisierung Jesu bietet gerade die Gewähr, dass der prophetische Bezug Jesu zur Wahrheit Gottes, ohne den er nicht zur Verkündigung des Evangeliums ausgezogen wäre, nicht idealistisch, sondern historisch verstanden wird, wie es theologisch notwendig ist, weil er von der Person Jesu selbst nicht zu trennen ist.

Das aber verlangt von der Exegese, die Geschichte Jesu vor einem theologischen Hintergrund Jesu zu beleuchten, der den theologischen Erfahrungen und Erwartungen Israels gerecht wird. Im Einflussbereich reformierter Theologie kann Ed P. Sanders die Partizipation Jesu am jüdischen „Bundesnomismus" darstellen und damit eine soteriologisch relevante Deutung der Geschichte Jesu mit einer projüdischen Theologie verbinden[51], allerdings unter dem Verdacht, einer christlichen Pro-

---

[50] Matthias Konradt befürwortet, aus Gründen terminologischer Klarheit an dieser Stelle nicht von „Christologie" zu reden (Stellt der Vollmachtsanspruch des historischen Jesus eine Gestalt „vorösterlicher Christologie" dar?, in: *ZThK* 107 [2010] 139-166), weil der Unterschied zur österlich geprägten Christologie verwischt zu werden drohe. Allerdings droht der prinzipielle Verzicht, die Zusammenhänge aus den Augen zu verlieren.

[51] *Sohn Gottes. Eine historische Biographie Jesu* (engl. 1993), Stuttgart 1996.

jektion des Judentums zu erliegen[52], und unter Verzicht auf breite christologische Interpretationsströme in den Evangelien. Im Einflussbereich liberaler Theologie kann GERD THEISSEN die Impulse der Religionssoziologie aufnehmen[53] und Jesus in differenzierter Weise auf die vielfältigen und tiefgründigen Messiaserwartungen des Frühjudentums[54] beziehen, denen er allerdings in mehr oder weniger großer Distanz gegenübergestanden habe, während erst er selbst den Menschensohn-Titel geprägt habe, um seiner „Human-Christologie" Ausdruck verleihen zu können.[55] Allerdings bleibt die Frage, wie es zur rasanten Entwicklung der neutestamentlichen Christologie gekommen ist[56], die das Interesse an Jesus nicht verliert, sondern dauerhaft begründet[57].

3. Künftige Debatten

Der Methodenwechsel von der Kontrast- zur Kohärenzhermeneutik im Verhältnis Jesu zum Judentum kann die christologische Frage weder verstummen lassen noch beantworten, aber neu aufwerfen und zuspitzen. Die Kritik am Differenzkriterium hat sich auf die Distanzierung Jesu vom Judentum seiner Zeit konzentriert. Die Kehrseite aber ist die Distanzierung Jesu vom frühen Christentum, das seinerseits stark jüdisch geprägt gewesen ist. Es leuchtet aus historischen und theologi-

---

[52] Cf. HANS-MARTIN RIEGER, Eine Religion der Gnade. Zur „Bundesnomismus"-Theorie von E.P. Sanders, in: FRIEDRICH AVEMARIE – HERMANN LICHTENBERGER (ed.), *Bund und Tora. Zur Begriffsgeschichte in alttestamentlicher, frühjüdischer und urchristlicher Tradition* (WUNT 92), Tübingen 1996, 129-161.

[53] Cf. *Die Religion der ersten Christen. Eine Theorie des Urchristentums,* Gütersloh 2000.

[54] Cf. HANS-JÖRG FABRY – KLAUS SCHOLTISSEK, *Der Messias. Perspektiven des Alten und Neuen Testaments* (Die Neue Echter Bibel – Themen 5), Würzburg 2002.

[55] GERD THEIßEN – ANNETTE MERZ, *Jesus* 447-489.

[56] Dass sie historisch nicht ohne den Anspruch Jesu zu erklären sei, betonen MARTIN HENGEL und ANNA MARIA SCHWEMER, *Der messianische Anspruch Jesu und die Anfänge der Christologie* (WUNT 138), Tübingen 2001.

[57] So jedenfalls meine These in: *Der Gottessohn aus Nazareth. Das Menschsein Jesu im Neuen Testament,* Freiburg – Basel – Wien [2]2008. [1]2006.

schen Gründen ein, dass Jesus auch im Proprium seiner Verkündigung nur als Jude in Israel gesehen werden kann. Es leuchtet aber weder aus historischen noch aus theologischen Gründen ein, dass Jesus systematisch auf Distanz zu den messianischen Hoffnungen, Titeln und Texten Israels gehalten wird, die in der Christologie des Neuen Testaments[58] aufgenommen werden, weil sie in der Geschichte des Judentums wie der Heiligen Schrift Israels wichtig waren, und dass Jesus hermeneutisch von der Wirkungsgeschichte abgekoppelt werden soll, die er aber doch durch seinen Ruf in die Nachfolge aus der Mitte seiner Sendung heraus gerade angestoßen hat.[59] Es ist eines, aus Gründen methodischer Vorsicht bei den Hoheitstiteln, den Todesdeutungen, den Passionsprophetien, den Auferstehungsweissagungen, den Schriftexegesen Jesu, von denen die Evangelien erzählen, große Zurückhaltung an den Tag zu legen, aber ein anderes, die Messergebnisse einer Versuchsanordnung, die gerade die Christologie ausfiltert, als Realität anzusehen und sekundär insofern zu dogmatisieren, als sie normativ gegen die expliziten Christologien in Stellung gebracht werden[60].

Unter dieser Rücksicht ist kritisch zu fragen, in welchem Maße das Plausibilitätskriterium überhaupt als Kriterium fungieren kann. Zwei Einwände sind geltend zu machen. Zum einen können die großen Zeugnisse neutestamentlicher Christologie ihrerseits nur aus einem jüdischen Entstehungs- und Rezeptionsprozess heraus verstanden werden; ihre Protagonisten, Paulus und Johannes an der Spitze, haben durch den Glauben an Jesus Christus ihrem Judentum nicht abschwören, sondern Ehre erweisen wollen. Das Differenzkriterium war in der Gefahr, die Person und Botschaft Jesu nach Maßstäben aufge-

---

[58] Eine hermeneutisch innovative Verbindung stellt MARTIN KARRER her, *Jesus Christus im Neuen Testament* (NTD.E GNT 11), Göttingen 1998. Der Ansatz bei den Zeichnungen Jesu im Neuen Testament kann und soll die Unruhe der historischen Frage nicht ruhigstellen.

[59] Cf. THOMAS SÖDING, *Jesus und die Kirche. Was sagt das Neue Testament?*, Freiburg – Basel – Wien 2007. In einem biblisch-theologischen Horizont hat GERHARD LOHFINK (*Braucht Gott die Kirche? Zur Theologie des Volkes Gottes*, Freiburg – Basel – Wien 1998) die These eingezeichnet, dass es das Reich Gottes nicht ohne das Volk Gottes gibt.

[60] Der Vorreiter dieser Richtung ist WILLIAM WREDE, *Das Messiasgeheimnis in den Evangelien* (1901), 4., unveränderte Aufl. Göttingen 1969.

klärter Religion westlicher Prägung zu harmonisieren, weil alles Sperrige – von den Gerichtsworten über die Kreuzesnachfolge zur Auferstehungshoffnung und von den Gesetzesdebatten über die Ich-bin-Worte zur Todeserwartung – ausgesondert zu werden drohte. Das Kohärenzkriterium bietet demgegenüber die Möglichkeit, eine viel größere Breite, einen viel größeren Facettenreichtum und einen viel größeren Spannungsbogen der Jesusüberlieferung als historisch interessant in Betracht zu ziehen.[61] Aber es bleibt fraglich, welcher Zug der Christologie in den Evangelien mithilfe einer Kohärenzanalyse überhaupt ausgeschlossen werden sollte.

Zum anderen stellt das Kriterium einen wirkungsgeschichtlichen Zusammenhang mit der Entstehungsgeschichte der Christologie her. Ihn zu rekonstruieren, setzt aber zwei zusätzliche Überlegungen voraus. Einerseits ist zu prüfen, welche neuen Impulse durch den Tod und die Auferweckung Jesu christologisch ausgelöst worden sind[62]; diese Prüfung kann nicht nur anhand paulinischer und johanneischer Reflexionen, sie muss auch anhand synoptischer Traditionen erfolgen und stößt deshalb gerade auf diejenigen Texte der Todes-, Auferstehungs-, Zukunfts- und Endzeitprophetien Jesu, die von der historisch-kritischen Exegese ausgegrenzt werden. Die entscheidenden Punkte sind die Integration des Lebens und des Todes Jesu im Horizont der nahekommenden Gottesherrschaft unter dem Vorzeichen der Proexistenz[63] und die universale Ausweitung der Evangeliumsverkündigung, die in der Erhöhung Jesu zur Rechten des Vaters begründet ist. Andererseits ist zu prüfen, inwiefern die Christologie des Neuen Testaments als Auswirkung der Verkündigung und Sendung Jesu erklärt werden kann. Auf die-

---

[61] Ein herausragendes Beispiel liefert ARMAND PUIG I TÀRRECH, *Jesùs. Un perfil biogràfic,* Barcelona 2004; cf. ID., *Jesus. An Uncommon Journey. Studies on the Historical Jesus* (WUNT II/288), Tübingen 2010.

[62] Das steht im Mittelpunkt der Überlegungen meines Lehrers WILHELM THÜSING, *Die neutestamentlichen Theologien und Jesus Christus. Grundlegung einer Theologie des Neuen Testaments I: Kriterien aufgrund der Rückfrage nach Jesus und des Glaubens an seine Auferweckung,* Münster ²1996 (1981).

[63] Das ist der zentrale Begriff sowohl der jesuanischen Sendung wie auch der christologischen Soteriologie bei HEINZ SCHÜRMANN, *Jesus – Gestalt und Geheimnis,* ed. KLAUS SCHOLTISSEK, Paderborn 1994, 286-345.

sem Wege können die Beobachtungen ausgewertet werden, die unter den Auspizien eines moderaten Konstruktivismus gemacht werden können.[64] Allerdings sind es die zu eruierenden Quellentexte selbst, die einen Realitätsanspruch äußern und deshalb zur geschichtlichen Forschung nötigen, wie sie jenseits des Historismus möglich und nötig ist.

Dann aber gilt es, methodische Konsequenzen aus der Art und Weise zu ziehen, wie in den Evangelien die Geschichte Jesu geschrieben worden ist. Die alte historische Kritik trieb Exegese so, wie HEINRICH SCHLIEMANN Archäologie getrieben hat[65]. Wie er Schicht um Schicht abgetragen (und zerstört) hat, um auf der untersten Stufe die Ruinen von Troja zu finden, so hat die Exegese die Redaktionsschichten wegräumen wollen, um das Urgestein der jesuanischen Verkündigung freizulegen; aber so wie die Archäologie heute alle Wachstumsschichten zu bewahren und aus der vorgegebenen Fundsituation heraus zu erklären versucht, die Lage Trojas aber nach wie vor diskutiert, so kann die Exegese, wie es FERDINAND HAHN früh begründet hat[66], aufgrund der Charakteristik der Quellen die Rückfrage von der Rezeptionsfrage nicht trennen und in einem *ipsissimum verbum* ebenso wie in einer „nachösterlichen Bildung" nur die Extremwerte einer Skala sehen, die sich nach der Gauß'schen Normalverteilung richtet.

Die Forschungen zur Traditionsgeschichte der Evangelien in einer Kultur, die im wesentlichen durch mündliche Kommunikation geprägt gewesen ist, weisen auf das außerordentlich hohe Risiko hin, durch Unterscheidungen von Tradition und Redaktion in mehreren Stufen sukzessiver Hypothesenbildung einen historischen Grundbestand von sekundären Ergänzungen

---

[64] Cf. JENS SCHRÖTER, *Jesus von Nazaret. Jude aus Galiläa – Retter der Welt* (Biblische Gestalten 15), Leipzig 2006. Zum theoretischen Hintergrund cf. ID., *Von Jesus zum Neuen Testament. Studien zur urchristlichen Theologiegeschichte und zur Entstehung des neutestamentlichen Kanons* (WUNT 204), Tübingen 2007.

[65] *Troja,* Leipzig 1883.

[66] Methodologische Überlegungen zur Rückfrage nach Jesus, in: KARL KERTELGE (ed.), *Rückfrage nach Jesus. Zur Methodik und Bedeutung der Frage nach dem historischen Jesus* (QD 63), Freiburg – Basel – Wien 1974, 11-77.

zu unterscheiden.[67] So weit man auch immer in den Raum der frühesten Jesusüberlieferung vorzudringen vermag, erschließt sich doch keine dogmenfreie Zone, sondern von vornherein ein Raum, in dem die Gottesfrage höchste Bedeutung erhält, die Eschatologie der Geschichte einen einzigartigen Rang verleiht und die messianischen Fragen, Hoffnungen und Verneinungen im Judentum, das Jesus zu Gesicht bekommen hat, stimuliert worden sind. Die synoptischen Vergleiche zeigen ebenso wie die Selbstauskünfte der Evangelisten (Lk 1,1-4; Joh 20,30f.; 21,24f.), wie tiefgreifend die Prozesse der Auswahl und Selektion, der Sammlung und Gestaltung, der Erweiterung und Kürzung, der Stilisierung und Akzentuierung, der Symbolisierung und Historisierung gewesen sind. Diese Prozesse lassen sich durch exegetische Analysen nur zum geringen Teil rekonstruieren. Sie umschließen die Übersetzung aus dem Aramäischen ins Griechische und setzen damit eine umfassende Interpretation voraus, die durch mehr oder weniger gekonnte Rückübersetzungen nicht aufgehoben werden kann. Der historische Blick auf die Jesustradition lässt die kanonisch gewordenen Texte wie die Spitzen eines Eisberges aus einem Meer der Überlieferung herausragen, in dem die entscheidenden Bewegungen unter der Oberfläche stattgefunden haben.[68]

Daraus sind methodische Schlüsse zu ziehen. Wer die Evangelien mit ihrer österlichen Prägung als Barrieren betrachtet, die man überwinden muss, um zum wahren Jesus vorzustoßen, landet im Niemandsland; wer sie als Spiegel benutzt, die aus mehr

---

[67] BIRGER GERHARDSSON (*Memory und Message. Oral Tradition and Written Transmission in Rabbinic Judaism*, Lund 1964; *Die Anfänge der Evangelientradition,* Wuppertal 1977; *The Gospel Tradition,* Lund 1986), BO REICKE (*The Roots of the Synoptic Gospels,* Philadelphia 1986) und RAINER RIESNER (*Jesus als Lehrer. Eine Untersuchung zum Ursprung der Evangelien* [WUNT II 7], Tübingen ³1988 [¹1981]) betonen in Kritik der formgeschichtlichen Schule die philologischen Gründe, dass die historische Substanz der Evangelien nicht so gering ist, wie vielfach angenommen wird, können aber nur dann überzeugen, wenn zugleich die tiefgreifende Neuprägung des gesamten Stoffes durch den Traditionsprozess in Betracht gezogen wird.

[68] RICHARD BAUCKHAUM (*Jesus and the Eyewitnesses. The Gospel as Eyewitness Testimony,* Cambridge 2006) will sich dieser Betrachtungsweise entziehen, muss dazu aber aus der gesamten Formgeschichte aussteigen und die Selbstzeugnisse der Evangelisten ausschalten.

oder weniger großem Abstand in mehr oder weniger großen Brechungen, in mehr oder weniger großen Ausschnitten die Gestalt und Geschichte, die Verkündigung und Person Jesu reflektieren, landet im Raum der Erinnerung derer an Jesus, die ihn zu ihrer Zeit und an ihrem Ort auf das engste mit Gott und seiner Herrschaft, seinem Leben und seinem Wort in Verbindung gebracht haben, um ihn so sehen zu können, wie er sich selbst gesehen hat.[69] Der Umstand, dass im Neuen Testament gleich vier Evangelien stehen und dass durch glückliche Umstände apokryphe Traditionen erhalten geblieben sind, erlaubt einen methodischen Vergleich, der desto exakter erfolgen kann, je deutlicher der Prozess der Erinnerung als Kategorie der Traditionsbildung erforscht ist, und desto mehr Facetten der Geschichte Jesu einfangen kann, je klarer die Perspektiven der Evangelien beschrieben sind, ihre jeweiligen Ausschnitte und Ansichten, ihre hellen und dunklen Flecken[70]. So gesehen, bekommt das Johannesevangelium – nach den Synoptikern, aber weit über historische Details hinaus – seinen Ort als Standpunkt einer alternativen Betrachtungsweise Jesu, wie zudem die apokryphen Evangelien und die Agrapha theoretisch, bisweilen auch praktisch das Bild ergänzen können. Im zentralen Problembereich der Christologie stellt sich heraus, dass die Evangelien, einschließlich Johannes, keineswegs die reflektierte Christologie der Formeln, Hymnen und Lieder, der Argumentationen und Diskussionen des Neuen Testaments Jesus in den Mund legen, sondern mit einer Fülle von erzählten Debatten und Deklarationen, Metaphern und Titeln den Eindruck wiedergeben und verstärken wollen, den Jesus hinterlassen hat. Es ist eine erzählte Christologie, die sich auf eine gelebte Christologie Jesu bezieht und der reflektierten Christologie systematisch vorausliegt, so sehr deren *essentials* Anlass gegeben haben, die Erinnerung an Jesus zu schärfen und die Erzählungen von

---

[69] Cf. JAMES D. G. DUNN, *Jesus Remembered* (Christianity in the Making I), Edinburgh 2003. Allerdings führt der theoretische Ansatz hier zu einer konventionellen Schichtenanalyse.

[70] Aussichtsreich ist deshalb der methodische Ansatz von HELMUT MERKLEIN, *Jesus von Nazaret. Wie ihn die Evangelisten sehen,* Stuttgart 2008 (1993).

Jesus zu formatieren.[71] Dem Neuen Testament zufolge ist diese Christologie zwar erst retrospektiv im Licht des Ostermorgens erkennbar, aber von Anfang an für das Evangelium bestimmend.

Ob freilich die Erinnerungen der Evangelien an Jesus und seine gelebte Christologie historisch zuverlässig oder nicht sind, ist eine Frage, die nicht schon durch exegetische Analysen beantwortet werden kann, sondern im Kern das Gespräch der Exegese mit der Fundamentaltheologie braucht, die ihrerseits mit der Philosophie und den Naturwissenschaften im Dialog sein muss. Es geht bei diesem Gespräch nicht nur um den Realitätsgehalt der sogenannten Naturwunder, der Totenerweckungen und der Exorzismen, der Epiphanien und Inspirationen Jesu.[72] Es geht vielmehr im Kern um das Kommen der Gottesherrschaft, von der Jesus geprägt ist und die ihrerseits von Jesus geprägt wird.

Auch wenn die Exegese einen fundamentaltheologischen Ehrgeiz entwickelt und anerkennt, dass sie nicht von einem neutralen, sondern einem heutigen, geschichtlich bestimmten Standpunkt aus nach Jesus fragt, kann sie aus sich heraus nur die geschichtliche, nicht die aktuelle Bedeutung Jesu eruieren. Diese Bedeutung aber muss es geben, wenn die Gottesherr-

---

[71] BEN WITHERINGTON (*The Christology of Jesus,* Minneapolis 1990) hat das Thema erkannt, den Begriff aber unterbestimmt und die Rekonstruktion nicht der vollen Härte der historischen Kritik ausgesetzt. SAMUEL FERNÁNDEZ EYZAGUIRRE (*Jesús. Los orígenes históricos del cristianismo: desde el año 28 al 48 d.C.,* Santiago de Chile 2007) hingegen hat die Dialektik zwischen der nachösterlich explizierten und der vorösterlich implizierten Christologie beschrieben, weil er die Gottesfrage als Schlüssel zum historischen Verständnis Jesu ins Spiel bringt und den alttestamentlichen Hintergrund mitsamt der jüdischen Christologie hell erleuchtet, aus dem Jesus hervortritt.

[72] KLAUS BERGER (*Jesus,* München 2004) hat sich dieser Frage gestellt und den rudimentären Rationalismus vieler historisch-kritischer Analysen abgewiesen, aber seinerseits einem Konzept der Pluralisierung von Wahrheiten Raum gegeben, das philosophisch unterbestimmt und deshalb theologisch unzureichend ist. ULRICH WILCKENS *(Theologie des Neuen Testaments I: Geschichte der urchristlichen Theologie. Teilband 1: Geschichte des Wirkens Jesu in Galiläa,* Neukirchen-Vluyn 2002) lässt sich, im Gespräch mit WOLFHART PANNENBERG geschult (*Offenbarung als Geschichte,* Göttingen [5]1982 [[1]1961]), stärker auf die Debatte um die geschichtliche Wahrheit im Dialog nicht nur mit den Geschichts- sondern auch den Naturwissenschaften ein und erschließt deshalb eine große Breite synoptischer Themen und Tradition für die Rekonstruktion der Geschichte Jesu, blendet aber die gesamte johanneische Tradition aus.

schaft, die Jesus verkündet hat, tatsächlich die bestimmende Größe gläubigen Lebens sein soll, mögen auch die Zeiträume, in denen sie konkretisiert werden muss, viel größer sein, als Jesus sich vorgestellt haben mag. Wenn die Exegese diese Aktualisierungsarbeit nicht einfach an die systematische und praktische Theologie delegieren will, bedarf sie einer Hermeneutik geschichtlicher Wahrheit, die sie von den biblischen Texten selbst her zu entwickeln und dann im aktuellen Forschungsgespräch zu bewähren hätte[73]. Die Exegese muss als Teil der Theologie die Dichotomie zwischen zufälligen Geschichts- und notwendigen Vernunftwahrheiten, die GOTTHOLD EPHRAIM LESSING im Bann der theologischen Fehden seiner Zeit aufgebaut hat[74], hinter sich lassen, weil sie dem neutestamentlichen Verständnis geschichtlicher Offenbarung diametral widerspricht. Sie kann sich auch nicht der Idee einer „Horizontverschmelzung", die HANS GEORG GADAMER den Rechts- und Geisteswissenschaften empfohlen hat[75], verschreiben, weil sie die traditionskritische Energie drosselt, die gerade die Antriebskraft der Exegese ausmacht. Sie hat aber eine Chance, an hermeneutischer Attraktivität zu gewinnen, wenn sie in ein hermeneutisches Gespräch die Theologie des Wortes Gottes einbringt, die dem Evangelium Jesu selbst innewohnt[76]. In einer solchen Theologie wird der eschatologische Stellenwert der Geschichte Jesu ebenso deutlich wie der universale Heilswille Gottes und die Unverzichtbarkeit der Evangelien als geschichtliche Zeugnisse der Verkündigung Jesu ebenso wie die Weite des Geistes, der den Glauben an Jesus mit dem Wissen über seine historische Sendung verbindet.

---

[73] Starke Anstöße gibt CHRISTOF LANDMESSER, *Wahrheit als Grundbegriff neutestamentlicher Wissenschaft* (WUNT 113), Tübingen 1999.

[74] Über den Beweis des Geistes und der Kraft (1777), in: *Werke in sechs Bänden,* Köln 1965, VI 283-288: 285.

[75] *Wahrheit und Methode. Grundzüge einer philosophischen Hermeneutik,* Tübingen ^{6}1990 (^{1}1960).

[76] Weit vorausgedacht von JOSEPH RATZINGER / BENEDIKT XVI., *Wort Gottes. Schrift – Tradition – Amt,* Freiburg – Basel – Wien 2005. Freilich ist hier die Bedeutung der Verschriftlichung unterbelichtet und damit das traditionskritische Potential der Erinnerung an Jesus in den Evangelien nicht erschlossen.

JESUS VON NAZARETH

Perspektiven aus exegetischer Sicht

Von Martin Karrer

Überschätzen wir die Exegese nicht. Spätestens seit Schleiermacher gehört sie zu den historischen Wissenschaften, für viele Zeitgenossen heute in die Sprach- und Literaturwissenschaft. Bedeutung fürs Leben gewinnt sie insofern nicht unmittelbar durch ihre Beobachtungen, sondern erst durch deren Einordnung und Prüfung im Brückenschlag zum gegenwärtigen Lebenshorizont. Immerhin birgt die Jesusforschung auch bei einer solch zurückhaltenden Wertung durchaus reizvolle Herausforderungen. Wählen wir einige aus:

1. Eine Herausforderung für Historiker: die Frage der Quellen

Historische Erkenntnis stützt sich auf Überreste und Zeugnisse. Die besten Überreste stammen aus der Zeit und von der betreffenden Person selbst. Vom irdischen Jesus fehlt uns beides. Mehr noch, alles spricht dafür, dass Jesus selbst dieses Fehlen auslöste. Er konnte mit hoher Sicherheit lesen und schreiben, und er zitierte der uns überkommenen Überlieferung nach nicht selten aus den Schriften Israels; die Zitatformel „es ist geschrieben" findet sich allein im Markusevangelium sechsmal in Jesusworten[1]. Aber er schrieb, wiederum den uns überkommenen Erinnerungen nach, kein einziges seiner eigenen Worte nieder. Selbst dass er überhaupt schrieb, berichtet nur eine Randüberlieferung der Evangelien, die Erzählung von der Ehebrecherin, die erst im 3./4. Jh. zum Bestandteil des Neuen Testaments wurde. Dort schreibt er zudem symbolisch mit dem Finger auf die Erde, ein Material, das niemand mitnehmen kann, ohne die Buchstaben zu zerstören. Das Signal ist deut-

[1] Mk 7,6; 9,12.13; 11,17; 14,21.27.

lich: Niemand soll ihn durch ein geschriebenes, material griffiges Wort wie ein Blatt Papyrus oder eine Scherbe Ton „in die Hand nehmen“ können. Er ist nicht verfügbar.

Dieses leidige Quellenproblem der Jesusforschung birgt umgekehrt theologisch hohen Reiz. Es zwingt uns zur Erkenntnis, dass der „historische“, von ca. 4 v.Chr. bis ca. 30 n.Chr. lebende Jesus nicht unabhängig von einer Begegnung mit seiner geschichtlichen Wirkung zu greifen und zu begreifen ist. Das Quellenproblem enthält in sich bereits eine theologische Aussage: Jesus ruft nicht zur historisch distanzierten Erkenntnis der bruta facta, sondern in die Begegnung.

2. Eine Irritation für eindeutige Theologien: die Verweigerung eines Systems

Die „sekundären“, von Dritten niedergelegten Zeugnisse über Jesus beginnen mit der – heute verlorenen, aber im Matthäus- und Lukasevangelium benützten – Logienquelle, ca. 20 Jahre nach Jesu Tod. Die Historiker sind sich nicht einig, ob diese alte Sammlung Jesus historisch sachgemäßer erfasst als manch jüngeres Zeugnis. Das Johannesevangelium etwa beeindruckt durch sein manchmal überraschendes Lokalkolorit. Außerhalb des Neuen Testaments verdienen zudem einige Worte Aufmerksamkeit, die so fremd klingen, dass niemand ihre Ursprünglichkeit voll bezweifeln will, obwohl sie ihre vorliegende Gestalt lange nach der Entstehung des Neuen Testaments erhielten. Nennen wir nur das auffälligste Beispiel, das Wort vom Attentäter im Thomasevangelium (EvThom log. 98):

„Jesus spricht: Das Königreich des Vaters gleicht einem Menschen, der einen mächtigen Menschen töten wollte. Er zückte das Schwert in seinem Hause (und) stach es in die Wand, damit er erfahre, ob seine Hand stark (genug) sei. Dann tötete er den Mächtigen.“[2]

Die Sammler der Evangelien wussten, warum sie dieses Wort ausklammerten: Es reflektiert ausschließlich die Kraft des Rei-

---

[2] Übersetzung nach dem Berliner Arbeitskreis für Koptisch-Gnostische Schriften (H.-G. Bethge ea.) in Synopsis Quattuor Evangeliorum, ed. K. Aland, Stuttgart [15]1996, 4. korrigierter Druck 2005, 542.

ches Gottes – stark ist es, selbst den Mächtigsten zu töten – und ignoriert jedes ethische Bedenken, allemal die Liebe zum Feind aus der Bergpredigt (Mt 5,38-48). Viele Jesusforscher halten es gerade deshalb für ursprünglich.[3]

Was geschieht, wenn wir – was postmodern am nächsten liegt – alle Quellen von der Logienquelle über das Johannesevangelium bis zum Thomasevangelium zu würdigen versuchen? Jesus spricht vom Reich Gottes – so die Synoptiker und das Thomasevangelium –, aber keinesfalls durchgängig; denn das Johannesevangelium hört ihn vor allem vom Leben und wenig vom Reich Gottes reden. Und Jesus liebt die Feinde, aber er scheut auch nicht den Aufstand gegen einen Starken, wen immer das Rätselwort des Thomasevangeliums meint. Er zwingt uns Spannungen auf, nicht die Einheit eines systematischen Gedankens.

Interessanterweise kongruieren diese Spannungen zu unserer ersten Beobachtung, dem Zustand der Quellen: Jesus weigert sich, sich in Quellen fassen zu lassen, und er weigert sich, sich in einem System festzulegen. Kurz, wenn ihn etwas kennzeichnet, ist es das geschilderte Verlangen von Begegnung, das jedes brutum factum und jedes System übersteigt und sprengt.

Dieser Beitrag gilt einem Band des Konfessionskundlichen Instituts. Deshalb sei die Beobachtung mit einem Blick auf die berühmte Szene der Konfession, also des Bekenntnisses Jesu in den Evangelien abgerundet. Bei Matthäus lautet es „Jeder nun, der sich vor den Menschen zu mir bekennt, zu dem werde auch ich mich bekennen vor meinem Vater im Himmel“[4]. Mag dieses Wort ipsissima vox Jesu sein oder seine Stimme, wie sie von der Gemeinde nach seinem Tod gehört wurde, eindeutig ist der Impuls: Bekennen ist eine Tätigkeit – alle Evangelien verwenden ausschließlich das Verb („homologein“), kein einziges Mal das Nomen („homologia“) –, insbesondere die Tätigkeit, in eine Person ein- und ihr dadurch zuzustimmen; der Mensch stimmt dem Wort zufolge der Person Jesu zu, und Jesus diesem zu-

---

[3] Dem Jesusbild des Neuen Testaments läuft es zuwider, wenn wir im Gegner lediglich einen innerweltlichen Menschen wahrnehmen. Wenn wir hinter der Dynamik einen überweltlichen Widersacher des Reiches Gottes erahnen, wird das Wort begreiflicher.

[4] Mt 10, 32 nach der neuen Zürcher Bibel.

stimmenden Menschen. Ein solch personales Bekenntnis unterscheidet sich von jedem dogmatischen Satz. Der Jesus der Exegese ruft ins Bekenntnis, aber jenseits konfessioneller Kontroversen über dogmatische Gedanken.

3. Eine Ermutigung für die Ethik: die Souveränität des Einzelnen

Haben wir diese Dynamik zur lebendigen Begegnung statt zur festgeschriebenen Norm erfasst, ist die Konsequenz in der Ethik schnell formuliert: Gerade eine systematische Suche nach Normen irritiert. Zu Jesus passt daher die merkwürdige Spannung von Worten, die das Gesetz bejahen, und Taten, die es antasten, und die Suchbewegung, in der diese Worte überliefert werden: Synoptische Worte wachsen, immer kommt noch ein Jesuswort hinzu, ob es nun genau passt oder nicht; im Johannesevangelium entstehen sogar fast Diskussionen. Das mag von einer starren ipsissima vox entfernen, aber in der Suche greift es den Impuls Jesu auf: Jede seiner Normen ist in den Staub geschrieben wie bei der Ehebrecherin, auf dass der Staub verwehe, andere an den Nasen kitzle oder verleite, sich zu beugen, um ihrerseits Spuren im Sand zu suchen oder zu hinterlassen. Jesu Ethik sucht – wenn wir abstrahieren – Bewegung und eigene Entscheidung.

Nichts zeigt das deutlicher als das berühmteste Wort seiner politischen Ethik, die Perikope vom Zinsgroschen. Die Auskunft „So gebet dem Kaiser, was des Kaisers ist, und Gott, was Gottes ist“[5] löste endlose Diskussionen aus, weil sie jede Eindeutigkeit verweigert. Jede Hörerin/jeder Hörer muss selbst entscheiden, was des Kaisers ist; Jesus gibt es nicht vor. Kurz, Jesus verlangt von jedem und jeder, selbst souverän zu seiner/ihrer Entscheidung zu gelangen und zu stehen. Er schärft die Souveränität des Einzelnen und die Souveränität des Volkes ein, kein normatives System.

Damit ist Jesus hochmodern: Er kommt der situativen und der Verantwortungsethik entgegen, die zu Leitlinien der Reflexion im 20. Jh. wurden.

---

[5] Mk 12,17 in der Übersetzung Luthers.

4. Eine halbe Überraschung für die Symboldidaktik: Jesus und das Bilderverbot

Wenden wir uns nach historischer, systematischer Theologie und Ethik der praktischen Theologie zu, so fällt angesichts der heute beliebten Symboldidaktik – dem Arbeiten mit symbolischen Gegenständen und Bildern – wieder ein merkwürdiger und doch eindeutiger Aspekt der Jesusüberlieferung auf: Jesus gestattete Symbole, um das Leben des Menschen vor Gott zu erschließen, der die Sonne aufgehen und Regen fallen lässt über Gute und Böse und so ermutigt, in der gutbösen Welt zu leben (Mt 5,45), der durch die Schönheit der Lilien dazu ermuntert, sich in der Welt nicht zu sorgen (Mt 6,25-34) usw. Aber er unterließ nicht nur das Schreiben. Er malte auch nicht. Seine Liebe zum Bildwort und Gleichnis hat dieses Gegenstück: Von Gott gibt es kein materiales Bild.

Anders gesagt: Jesus wahrte strikt – strikter als kirchliche Kunst, Bilderbibeln, Religionsunterricht und Power-Point-Präsentationen vieler theologischer Vorlesungen – das Bilderverbot des Dekalogs. „Du sollst Dir kein Bildnis machen" bezog er genauerhin auf das materiale Bild – was der heutigen Interpretation von Ex 20,4 gut entspricht –, und wahrscheinlich verstand er das Bilderverbot sehr weit. Er ersetzte das materiale Symbol Gottes und alles dessen, was er eigentümlich zwischen Himmel und Erde beobachtete, grundsätzlich durch das Wortbild, die Basis für die Eigenart seiner Gleichnisse.

Würden wir dem heute folgen, würde die praktische Theologie in einem immensen Maße Wort-Theologie. Insbesondere der reformiert geprägten Tradition mit ihrer Fokussierung auf das Wort wäre diese Schlussfolgerung sicher sympathisch.

Doch braucht es das? Ist nicht auch der Unterschied zum irdischen Jesus legitim? Die Theologie hob zu allen Zeiten hervor, wegen der Besonderheit Jesu könne und dürfe keine Nachahmung ihn erreichen. Das Anderssein der Nachfolger ist, weil Jesus Freiräume setzt, hermeneutisch gestattet. Die reformierte Zurückhaltung in Bezug auf bildliche Darstellungen ist neutestamentlich gut begründet, und dennoch kann auch eine Gegendynamik entstehen, wie das in den kunstfreundlichen Traditionen von Ost- und Westkirchen bis zum Luthertum geschah. Denn Jesus benutzt in seinen Gleichnissen zwar *sprachliche* Bilder, aber eben doch *Bilder*.

Zwischen diesen Polen bleibt eine Beunruhigung für alle, die die kirchliche Kunst und Symbole lieben: Die Bilderstürmer der Reformation standen Jesus keinesfalls ferner als die Symboldidaktiker von heute; weil wir sie und ihre Provokation kennen, bringt Jesu Bilderverbot eine halbe, keine ganze Überraschung. Die Theologie muss – das ist eindeutig – ihren Ort zwischen Bilderverbot und Bilderliebe sorgfältig austarieren, wenn sie in der Begegnung mit Jesus bestehen will. Sie muss einen zentralen Gesichtspunkt, der für Jesu sprachliche Bilder gilt, beachten und wahren: Jedes materiale, reale Bild ist ein Gleichnis, das die Wirklichkeit nicht eins zu eins abbildet, sondern der immer neuen Interpretation bedarf.

5. Eine lohnende Aufgabe weiterer Forschung: Jesus und das Nebeneinander von Religionen

Die bislang genannten Impulse sind nicht neu. Sie bedurften lediglich der Vergegenwärtigung. Beim letzten der Impulse, dem Gespräch mit der Religionswissenschaft und dem Brückenschlag zur modernen Begegnung mit anderen Religionen, dagegen tun sich derzeit neue Horizonte auf. Das alte Schema, Jesus habe aramäisch gesprochen, in Israel gewirkt und nur ausnahmsweise einen Kontakt zu Nicht-Israeliten zugelassen, erwies sich als zu einfach. Nennen wir drei Befunde, die unsere Wahrnehmung heute herausfordern:

a) Jesus liebte und bevorzugte die aramäische Sprache, wie einzelne Lehnwörter in der Evangelienüberlieferung verraten („abba", Vater, Mk 14,36 u.ä.). Aber insgesamt sind diese Lehnworte selten und die Gesamtüberlieferung einhellig griechisch. Das erklärt sich am einfachsten, wenn Jesus neben dem Aramäischen griechisch sprach und sich die griechische Fassung seiner Worte von seinem geschichtlichen, irdischen Auftreten an verbreitete. Weitere Beobachtungen passen dazu, etwa der Name Andreas (griechisch, der „Männliche") unter den Jüngern und die Namensänderung von semitisch Simon zu griechisch Petros.

Jesus war, pointiert gesagt, weit stärker in die Zweisprachigkeit und die Hellenisierung Judäa-Galiläas inkulturiert als früher angenommen. Die alte Scheingrenze von Sprache und Religion – hier semitisch-jüdisch, dort griechisch-hellenisiert und griechisch-pagan – zerfällt demnach. Die Begegnung Jesu mit Menschen aus den Völkern war nicht durch eine Sprachbarriere behindert. Jesus nahm die Völker deutlicher als eine Zeit lang angenommen wahr, ohne den Abstand zu ihnen aufzugeben (s. Tyrus und Sidon in Lk 10,14; die Syrophönizierin Mk 7,24-30 u.ä.).

b) Das griechisch inkulturierte Judentum kannte eine religionstheologisch überaus wichtige Regelung des Gesetzes, die heute merkwürdig vergessen ist, obwohl sie in ihrer Entwicklung aus der hebräischen Tora gut zu verstehen ist: Das häufigste Wort für Gott in der Tora, „Elohim", ist grammatisch ein Plural, so dass sich nur aus dem Kontext ergibt, wo der eine Gott Israels im Unterschied zu den Göttern der Völker gemeint ist. In Ex 22,27 war das nach Ansicht der altgriechischen Übersetzer nicht gegeben. Sie übertrugen „Du sollst nichts entehrend Böses gegen Götter reden"[6]; einige Handschriften explizieren sogar „nichts entehrend Böses gegen fremde Götter". Lev 24,15 unterstrich das: „Jeder Mensch wird sich, wenn er einem Gott flucht, eine Sünde zuziehen"[7] (Septuaginta).[8]

---

[6] Septuaginta θεοὺς οὐ κακολογήσεις („theous ou kakologêseis"). Die Dimension des Verbs „kakologein", „Böses reden" (dessen Wahl vielleicht durch die phonetische Berührung mit dem hebr. „qālal" gefördert wurde) wird durch die Zusammenhänge deutlich, in denen Israel (und nachfolgend das frühe Christentum) es gebraucht: In 1Sam (LXX 1Kgt 3,13) bildet es wie an unserer Stelle ein Äquivalent zum hebräischen Verb „verfluchen". Für uns noch wichtiger steht es nur ein Kapitel vor unserer Stelle in Ex 21,16, der negativen Fassung des vierten Gebots (rezipiert in Mt 15,4; Mk 7,10). D.h. unser Gebot verlangt im Erzählduktus des Exodusbuches für die fremden Götter (inkl. vergottete Herrscher) einen Respekt, der hinter dem Respekt vor den Eltern, einem der antik höchsten Werte, nicht nachsteht. 22,27(28) ist dabei im Unterschied zu 21,16 nicht mit einer Rechtsfolge versehen. Das deutet darauf hin, dass unser Verbot nicht unmittelbar vor irdischen Gerichten rechtsrelevant wurde. Aber das schränkt die Dignität des Gebots nicht ein; im Gegenteil: Da es grundsätzlich (apodiktisch) formuliert ist, weist es auf die höhere Rechtsverantwortung vor dem einen Gott hin.

[7] Die Formulierung unterscheidet sich in den Handschriften und Editionen leicht, ohne dass das den Sinn änderte; „jeder…der" wird in der Edition von A. Rahlfs mit ὅς ἐάν („hos ean", Wer auch immer"), bei J.W. Wevers (Göttinger Septuaginta) durch die Wiederholung ἄνθρωπος ἄνθρωπος („anthrôpos anthrôpos", wörtlich „Mensch-Mensch") ausgedrückt. Die Nuance der Septuaginta löst den ansonsten schwierigen Fortgang zu V. 16 „wer den Namen des Herrn nennt, wird dem Tod verfallen".

Das Religionsgesetz versagte damit bereits die blasphemische Rede gegen die Götter und nicht erst zerstörerische Handlungen – was aufgrund der Analogie zu Israels Gott notwendig ist, der nicht bildlich dargestellt und deshalb entscheidend durch Reden verletzt wird. Es schützte zudem selbst die Herrscher, sofern diese bei den Völkern göttlich verehrt wurden und Götter hießen.[9]

Das Neue Testament zitiert Ex 22,27(28) und Lev 24,15 nicht. Wahrscheinlich deshalb sind die dortigen Regeln heute so unbekannt. Aber viel spricht dafür, dass Jesus sie kannte. Jedenfalls passen zwei Auffälligkeiten der Jesusüberlieferung vorzüglich zu ihnen:

Zum einen gewinnt die scheinbar selbstverständliche Rede Jesu vom höchsten Gebot im interkulturellen Kontext prägnante Tiefe. Jesus zitiert hier das Shema „Höre Israel, der Herr, unser Gott, ist der eine Herr" (Mk 12,28-30 nach Dtn 6,4f.), und bei Mk erläutert ein Schriftgelehrter Israels „es gibt keinen anderen (Gott) außer ihm" nach Jes 45,21 (Mk 12,32). Das Shema ist das höchste und erste Gebot, weil Jesus die Religionskonkurrenz kennt.

Denn nun entsteht eine klare Steigerung; kein Gott, auch kein Gott der Völker, darf im Fluch beansprucht werden, der eine Gott wird darüber hinaus auch nicht mit Namen benannt.

[8] Im 1. Jh. zitierte Philo beide Passagen (leg. I [7] 53 und vit. Mos. II [26] 205) und aktualisierte Josephus Ex 22,27(28): Das Gesetz verbiete die Schmähung der Götter der Völker und die Beraubung ihrer Heiligtümer bis hin zur Wegnahme von Weihegeschenken, also eine Blasphemie gegen die Götter in Tat (entsprechend der griechischen Tradition) und Wort (so die jüdische Zuspitzung; ant. IV 207). Das machte es zur Aufgabe, den eigenen Monotheismus im Gotteslob zu entfalten, ohne den Polytheismus der anderen mit loser Zunge oder schmähend zu verwerfen (cf. Philo, QE II 5; Josephus, Ap. II 237).

[9] Weiteres bei PIETER WILLEM VAN DER HORST, *"Thou Shalt Not Revile the Gods": the LXX Translation of Ex 22:28(27), its Background and Influence* (Studia Philonica Annual 5), 1993, 1-8 und (skeptisch) ROBERT GOLDENBERG, *The Septuagint Ban on Cursing the Gods* (JSJ 28), 1997, 381–389. Der Bezug auf leitende Gestalten vertieft sich, wenn wir den ganzen Vers Ex 22,27(28) lesen: „Du sollst Götter (die fremden Götter, nun samt den ptolemäischen und seleukidischen, später römischen Herrschern, die in den Augen der Völker wie Götter regieren) nicht lästern, und von den Anführern deines Volkes sollst du nicht übel reden" („οὐ κακῶς ἐρεῖς", eine Sprachvariante zu „οὐ κακολογήσεις").

Im Dtn ging der Text weiter „Geht nicht hinter fremden Göttern [...] der Völker rund um euch her". Das Shema grenzt strikt ab. Die Jesusüberlieferung verzichtet auf diese Fortsetzung. Das Leben mit dem einen Gott braucht nicht von dessen Eifersucht gegen andere Götter zu reden.[10] Jesus lebt und verkündet das Einssein Gottes, ohne die Götter der Umwelt zu schmähen.

Die beiden jüngeren Evangelien, Matthäus- und Lukasevangelium, reagieren darauf. Sie intensivieren das Gefälle, das sich in Mk 12 andeutete. Dort, bei Markus, sagte noch der Schriftgelehrte Israels (nicht Jesus selbst), das höchste Gebot meine, es gebe keine anderen Götter neben dem einen Gott (Mk 12,32 nach Jes 45,21). Matthäus und Lukas streichen diesen Satz. Nach ihrer Wahrnehmung Jesu ist die Einzigkeit Gottes ganz ohne Negation des anderen aus sich heraus zu entfalten.

Kehren wir, so aufmerksam geworden, zum Zinsgroschen zurück: Jesus verlangt dort, einen kaiserlichen Denar zu sehen (Mk 12,15f. par.), der zur Zeit des Tiberius die Aufschrift trug „Ti(berius) Caesar divi Aug(usti) f(ilius) Augustus", „Kaiser Tiberius, des vergotteten Augustus Sohn, Augustus".[11] Von dieser Aufschrift erfahren wir im Text nichts. Die Jesuserzählung unterlässt die Polemik gegen die Benennung des Augustus als „divus", „göttlich / Gott". Die Forschung vermutete, das nehme Rücksicht auf die Macht des Kaisers.[12] Aber die beschriebene Religionsgesetzgebung Israels genügt zur Erklärung; die Position, man gebe dem einen Gott, was Gottes ist, ist zu vertreten, ohne andere zu schmähen, und das auch dann, wenn die anderen sich nach jüdisch-christlicher Überzeugung fälschlich ein Gottesprädikat zulegen.

c) Das Weltgerichtsgleichnis in Mt 25,31-46 wurde in der Kirchengeschichte zu einer Mahnung an die Gemeinde Jesu, Taten der Barmherzigkeit zu üben. Im ältesten Kern spricht es vom Gericht über die „Völker" („ethnê"), die Menschen, die nicht dem einen Gott Israels zugehören. Diese Völker werden, so die Pointe, von Gott – dem Gott Israels und Jesu – an ihrem

---

[10] Die „Eifersucht" Gottes nennt Dtn 6,15.

[11] Denar des Tiberius; Abbildungen unter http://www.ancientmoney.org/re/tiberius_denar_o.jpg, abgerufen am 1.3.2010, und http://www.freerepublic.com/focus/f-bloggers/2109185/posts.

[12] Karl-Gustav Sandelin, *The Jesus-Tradition and Idolatry* (NTS 42), 1996, 412-420.

Handeln gemessen. Waren sie barmherzig, liegt auch für sie das Reich Gottes bereit. Diese Pointe kennt noch nicht die nachösterliche Mission unter den Völkern und wirkt daher sehr altertümlich. Folgen wir ihr, spricht Jesus Menschen anderer Religionen und Völker die Zuwendung Gottes beim Gericht zu, weil er überzeugt ist, dass Gott rechtes und barmherziges Handeln überall ansieht und würdigt.

Nach wie vor stehen wir damit weitab von jedem Religionspluralismus.[13] Trotzdem oder gerade deshalb gewinnen wir eine wesentliche Perspektive für die Religionsbegegnung: Jesus lebte den Monotheismus strikt. Er öffnete sich nicht zu den Religionen der Völker. Aber er sprach so, dass er von allen, auch den Menschen der Völker mit anderen Religionen verstanden werden konnte, und er verzichtete – in diesem Punkt gesetzestreu – auf Polemik und Schmähung der anderen. Religionsbegegnung brauchen wir, wenn wir ihm folgen, nicht zu scheuen. Wir haben uns ihr ohne Schmähung des Anderen in Vergewisserung des Eigenen auszusetzen.

---

[13] Suchen wir die Position der Jesusüberlieferung, hilft uns die Erzählung der Tempelreinigung: Eine jüdische Verheißung vertrat, die Völker würden einst zum Tempel Jerusalems kommen, dort opfern und anbeten (Jes 56,7). In diesen Tempel hatte Jesus nach der verbreiteten Erzählung von der Tempelreinigung eingegriffen; wie sehr, war bald nicht mehr genau bekannt (und ist bis heute unsicher), doch allenfalls hatte er die Opfer, keinesfalls das Gebet gestört. Die Überlieferung rezipierte daraufhin die Pointe von Jes 56,7 LXX „Mein Haus (Gottes Jerusalemer Tempel) wird ein Gebetshaus für alle Völker genannt werden" (Mk 11,17) und schuf einen großen religiösen Bogen: Die Völker sollen über das Gebet zum Tempel Israels finden.
Gerne wüssten wir, ob selbst Paulus von dieser Idee angesteckt wurde. Immerhin erzählt die Apostelgeschichte das Gerücht, er habe einen unbeschnittenen Griechen, den Epheser Trophimus, in den Tempel mitgenommen und damit die Kultgrenze zwischen Israel und den Völkern zerbrochen, vielleicht um des Gebets willen. Freilich führte diese Tat – wenn sie stattfand – statt zur Lösung zum Aufdecken des Problems, da das Gebet (und eine Bereitschaft zum Opfer) nach den alten Kultgesetzen nicht genügte, um die Tempelschranken zu öffnen [Cf. GERD THEISSEN, *Die Religion der ersten Christen. Eine Theorie des Urchristentums*, Gütersloh ²2001 (¹2000), 197f. (der allerdings eher den Wunsch nach einer Öffnung des Opfers als des Gebets vermutet)]. Die Szene des Tempelbesuchs endet deshalb mit der Anklage des Paulus (Apg 21,27-30), und das frühchristliche Schrifttum nach der Tempelzerstörung 70 entwickelt eine gewisse Ambivalenz: Matthäus hält das Beten der Völker weniger für eine Brücke als für ein abschätzig kritisierbares Gegenüber (es sei Vielrednerei cf. Mt 6,7).

Genügt das? Die Antwort auf diese Frage muss der Neutestamentler nicht mehr geben. Was ihm wichtig ist, hat er gesagt: Es lohnt, den irdischen und geschichtlich wirkenden Jesus in allen theologischen Disziplinen wahrzunehmen. Er irritiert, wenn wir ein System suchen. Er ermuntert, wenn wir neugierig sind, und ist moderner als wir manchmal ahnen, freilich nicht in bedingungsloser Offenheit, sondern in souveräner Intensität der monotheistischen Gottesbeziehung.

CHRISTOLOGIE HEUTE

Zwischen drohendem Abbruch und notwendigen Revisionen[1]

Von Johanna Rahner

I. Jenseits parfümierter Esoterik und wissenschaftlicher Sterilität

Die Frage nach Jesus von Nazareth als dem Christus scheint – seien wir ehrlich – heutzutage eigentlich gar kein Thema mehr zu sein. Zumindest keines, das die Menschen bewegt. Allenfalls skandalös-reißerische Inszenierungen der Jesusgeschichte, wie z.B. Dan Browns „DaVinci-Code", vermögen noch größeres Interesse zu erwecken. Freilich kann hier das biblische Original mit der geschickten Mixture aus ‚Sex and Crime', Krimi- und Detektivgeschichte, samt atemberaubender Verschwörungstheorien kaum konkurrieren. Die Gestalt Jesu Christi tritt hier allenfalls noch als kulturhistorisches Versatzstück ins Bewusstsein. Und so subsummiert man diesen Jesus nahtlos unter die anderen Gurus, samt deren flachen Erlösungsbotschaften aus Liebes- und Allerwelts-Weisheitssprüchen. „Wenn ich mir vor Augen führe, welche Menschen in meiner Bekanntschaft auf die neuen Bestseller abfahren und Jesus nach Indien transponieren [so im Bestseller von Gerard Messadié], so sind es dieselben, die an Horoskope glauben, auf Tarot-Karten schwören und sich auf die Kraft von Halbedelsteinen verlassen". Es sind ausgerechnet diejenigen, bei denen Glaube nicht unbedingt etwas mit Denken zu tun haben muss, sondern denen gerade die Übernatürlichkeit und Unverständigkeit des Glaubens ein Bedürfnis ist. „Sie mögen das neue Jesus-Bild nicht deshalb, weil es mit dem bruchlosen Wirken der Naturgesetze vereinbar ist (also in unser heute dominierendes Weltbild passt – das war ja bekanntlich ein immer wieder genannter Grund, wieso Leute von heute

[1] Vortrag gehalten unter dem Titel „Jesus aus katholisch-systematischer Perspektive"; der Vortragsstil wurde beibehalten, das Manuskript durch Quellennachweise ergänzt.

nicht mehr Christen sein können oder wollen – Jungfrauengeburt; Gottessohn, Auferstehung: Wer kann daran noch glauben?!), sondern deshalb, weil es einer wuchernden Phantasie Raum gibt. Nicht rationale Kühle wird hier gesucht, sondern im Gegenteil eine orientalisch parfümierte Atmosphäre."[2]

Im Vergleich dazu wirken die Basics der christlichen Glaubenstradition zu abstrakt und die biblische Überlieferung geradezu steril-nüchtern. Vielleicht ist gerade darum auf dem Markt der Möglichkeiten das Christentum, trotz fulminanter Verkaufszahlen des ersten Bandes des Jesusbuches Benedikts XVI. (und der zweite schlägt den ersten schon bei der Zahl der Vorbestellungen), so wenig attraktiv. Die Gestalt dieses Jesus von Nazaret und damit das Epizentrum der traditionellen Christologie wird allenfalls noch verfremdet oder esoterisch verwandelt zu einer interessanten Fragestellung, die aber für die heutige Wirklichkeit letztlich nur solange von Bedeutung ist, wie sie eine Mode bedient. Die allzu vernünftige Variante einer durch die Aufklärung hindurchgegangenen, wissenschaftlich orientierten Christologie sieht sich nicht nur im Schulunterricht oder in der Gemeindekatechese einem gelangweilten Gähnen gegenüber. Wenn wir freilich schon im Zentrum unseres Glaubens von Dingen reden, die keinen Menschen mehr zu interessieren scheinen, dann ist die Frage nach der Relevanz dessen, was wir überhaupt noch zu sagen haben, recht schnell an ein Ende gekommen.

Kein anderer als Karl Rahner hatte schon 1954 – und da konnte zumindest bei oberflächlicher Betrachtung von einem Traditionsabbruch in heutigen Dimensionen wahrlich noch nicht die Rede sein – darauf hingewiesen, dass die Christologie in der Moderne nur dann noch eine Chance hat wahr- und damit ernst genommen zu werden, wenn sie sich mit der Anthropologie, d.h. mit der Frage des Menschen nach sich selbst, verbindet.[3] Christologische Themenfelder können ihre Rele-

---

[2] SIBYLLE TÖNNIES, Deutschlandradio *'Das moderne Jesus-Bild und das Sacrificium Intellectus'* (11.11.2006; 7:20 Uhr).

[3] Cf. KARL RAHNER, Probleme der Christologie von heute, (ursprünglich: Chalcedon – Ende oder Anfang? in: *Das Konzil von Chalcedon*, ed. Alois Grillmeier u. Heinrich Bacht, Bd. III, Würzburg 1954, 3-49), SW 12, 261-301.

vanz dort zeigen, wo sie die Frage nach Jesus Christus mit der Frage nach dem Menschen verbinden, wo die Frage des Menschen nach sich selbst mit Jesus, seiner Botschaft und seiner Person in Verbindung gebracht werden kann; wo unsere Lebenswelt und Welterfahrung mit diesem Jesus etwas zu tun hat und so ihre Bedeutungshaftigkeit erschlossen werden kann. Das bedeutet aber: Christologie ist nur so zu betreiben, dass man nach Orten sucht, wo sich Menschen auch des dritten Jahrtausends noch auf Jesus beziehen können, wo sie ihr Leben nach ihm ausrichten können und von dort her Sinn erfahren können.

Diese Perspektive der Sinnfrage und -suche als Schlüsselfrage der Christologie ist, so zeigt sich nun bei näherem Hinsehen, gar keine ach so moderne Fragestellung, so dass die ‚hohe Theologie' darüber die Nase rümpfen, eine ‚Relativierung' der Glaubensbotschaft oder gar den Ausverkauf ihrer ‚heiligen Sache' vermuten könnte. Im Gegenteil: Die Heilsfrage ist Kennzeichen der Christologie von Anfang an. Keine Frage nach Jesus als dem Christus – Wer ist denn dieser? – ohne die Leitfrage: Und was bedeutet das für mich/für uns? Kurz: Keine Christologie ohne Soteriologie! Die Grundfrage der Christologie hat also schon immer so etwas wie eine anthropologische Rückseite oder Grundsignatur. Nur kennen verschiedene Zeiten verschiedene Bezeichnungen, ja Verkleidungen für diese anthropologischen Grundfragen. Müssen wir daher den Relevanzverlust des Christusglaubens heutzutage so deuten, dass uns das Gespür für eine anthropologische Erschließung abhanden gekommen ist? Freilich damit steht und fällt die Christologie und – dies sei bereits vorweggenommen – diese Fragen sind auch der entscheidende Schlüssel für eine konzeptionelle Neustrukturierung der Christologie unter den aktuellen Herausforderungen. Ich möchte das Ganze anhand zweier Themenfelder angehen, die mir für den aktuellen Stand katholisch-systematischer Fragestellungen in der Christologie besonders relevant erscheinen: Das ist zum einen die als Gotteskrise titulierte Glaubenskrise, die insbesondere das Christentum in der Moderne und noch einmal in zugespitzter Weise in der späten oder Post-Moderne zu ergreifen scheint und in einen Schwächeanfall der traditionellen Modelle der Christologie mündet (oder: sich u.a. darin begründet). Das ist zum anderen der Bereich der Fragestellungen, die sich durch den globalisierten politischen Diskurs um das Phänomen „Religion" für die Frage der Christologie in interreligiöser Perspektive aufdrängen. Das hat natürlich mit der Frage nach einer angemessenen Hermeneutik des interreligiösen Dialogs und der Problematik der universalen Geltungsansprüche des Christentums zu tun, ebenso wie mit dem mit religiösen Exklusiv-Überzeugungen stets verbundenen Ausschluss- und Gewaltverdacht.

II. (Post-)Moderne Dekonstruktionen

II.1 Gotteskrise – Erlösungskrise – Krise der Christologie

Wer von Christologie spricht, muss von Heil und Erlösung sprechen und wer von christlichen Erlösungsvorstellungen spricht, muss wohl auch von ihrer Verfallsgeschichte sprechen. Nirgendwo wird die Krise der christlichen Gottesvorstellung und damit auch und gerade der Christologie in unserer modernen Zeit greifbarer als in der Frage nach der Erlösung des Menschen. „Ihr müsst euch schon daran gewöhnen, dass es sehr vergnügte Heiden gibt. (...) In mir ist nichts, was erlöst werden muss; ich fühle diese culpa nicht, vielleicht eine andere – enfin, ich erhebe mich ja auch über keinen Katholiken, indem ich ihn bedaure oder beschimpfe – ich sage nur: ich nicht. Es geht mich gar nichts an. Nichts" – so hat Kurt Tucholsky dieses Grundgefühl der Moderne in seinen „Briefe[n] an eine Katholikin" einmal ausgedrückt.[4] Wo aber das Verständnis von Erlösung (Erlösung wovon? Wozu?) fraglich wird, wird Gott selbst fraglich. Ein Gott, der nicht „rettet", ist zu nichts nutze. Die neuzeitliche Gotteskrise ist auch und gerade eine Krise des Erlösungsgedankens. Denn die Frage nach Erlösung und die Relevanz des christlich geprägten Gottesgedankens gehören unmittelbar zusammen. Und das macht sich an keinem anderen Punkt fest als an der Frage nach der Gestalt der Christologie und nach ihrer Plausibilität.

„Das gelebte Christentum der Gegenwart ist vor allem ein Weihnachts-Christentum. Es versteht sich maßgeblich von Weihnachten her, von den einprägsamen Stimmungen und Ein-

[4] KURT TUCHOLSKY, *Briefe an eine Katholikin 1929-1931*, Hamburg 1969; jetzt: Gesamtausgabe Bd. 19, Hamburg 2005.

drücken der Zeit und der Geschichte der Geburt in Bethlehem. [...] Weihnachten ist nicht nur das ,Fest der Feste', Weihnachten – und nicht Karfreitag oder Ostern – ist *das* ,Christfest'. Im Gegenzug haben Karfreitag und Ostern [...] an Bedeutung verloren [...]. An die Stelle des Kreuzes ist die Krippe getreten, und mit ihr die Geschichte von dem kindgewordenen Gott im Stall zu Bethlehem."[5] Statt Kreuz und Passion, Krippe und Weihnachtsfest, statt Versöhnung durch den Kreuzestod das Kommen Gottes in die Welt, und an die Stelle eines thanatologischen Gottes- und Heilskonzepts tritt ein natologisches – so fasst Matthias Morgenroth diese Entwicklung der späten Moderne prägnant zusammen.[6] Zugespitzt auf die Frage der Erlösung und damit den Kern der Christologie lautet die entscheidende Pointe: „Ein Kind wird geboren, die Welt zu retten. Kein Schmerzensmann steht am Pfahl, um sich zu opfern."[7] Und wohlbegründet und mit Verve trägt Morgenroth in der Folge eine theologische Verteidigung dieser modernen Variante des Christentums vor, die zu denken geben sollte.

Was fangen wir mit diesen Beobachtungen an? Provozierend sind sie allemal für eine Theologie, die selbst von sich behauptet, dass ihre Wahrheit mit dem „Wort vom Kreuz" steht oder fällt. Man sollte zunächst die beschriebenen Phänomene nicht einfach mit dem Hinweis abtun, solche Weihnachtschristen seien doch gar keine echten Christen; Weihnachten sei hier nur noch ein bürgerlich-kommerzielles Versatzstück ohne religiöse Bedeutung und theologische Tiefe. Das hieße nämlich, die zentrale Grunderkenntnis der Theologie nach der Aufklärung – dass nämlich jede Theologie immer auch notwendig Anthropologie zu sein hat[8] –, in der Frage der theologischen Relevanz aktueller religiöser Praxis nicht wirklich ernst zu nehmen und sich an deren Herausforderung vorbeizumogeln.

In ihrer durchaus provozierenden Gestalt verweist diese veränderte Form christlicher Frömmigkeit nämlich subtil auf alte

---

[5] MATTHIAS MORGENROTH, *Weihnachts-Christentum. Moderner Religiosität auf der Spur*, Gütersloh 2002, 11s.
[6] Ib. 21s.
[7] MATTHIAS MORGENROTH, *Heiligabendreligion. Von unserer Sehnsucht nach Weihnachten*, München 2003, 45.
[8] Cf. KARL RAHNER, Theologie und Anthropologie, in: Id., *Schriften zur Theologie, Bd. VIII*, Einsiedeln 1967, 43-65.

Sollbruchstellen der traditionellen Argumentationslinien der Christologie und des damit verbundenen Erlösungsgedankens hin. Denn schon das Versöhnungsmodell eines Anselms von Canterbury, das wohl zu den prägenden der abendländischen Theologiegeschichte gehört und dessen Erbe bis heute durchschlägt, nötigt zu einer Binnendifferenzierung der Gottesvorstellung: auf der einen Seite steht der auf Gerechtigkeit im Sinne von Rechenschaft und Auslösung der Sündenschuld bedachte Gottvater, auf der anderen Seite begegnet der aus Liebe leidende und sein Leben für die Menschheit dahingebende Sohn. Theologisch fatal wird diese Binnendifferenz dort, wo die Erlösungsgewissheit fraglich wird. Es sind jene Abgründe des Spätmittelalters, in denen man sich in einer Folge von Missernten und Pestepidemien immer deutlicher einem nicht mehr zu verstehenden und unberechenbaren Schicksal ausgeliefert sah. Ein solches Schicksal aber konnte nur von einem nun als willkürlich und gewalttätig erfahrenen Gott gesandt und somit zu verantworten sein. Nicht nur die Idee einer wohlgeordneten guten Schöpfung gerät unter Verdacht, Gott selbst wird zum unsicheren Kantonisten in der Frage nach Heil und Erlösung. Das hier aufbrechende Gefühl eines absoluten Ausgeliefertseins – sekundiert durch die in der Theologie immer stärker an Boden gewinnende Strömung des Nominalismus – zerrüttet wohl nachhaltig jedes menschliche Vertrauen in einen so zweideutig erfahrenen Gott.

Dem Gottesbegriff des Nominalismus ist der Gedanke der Freiheit Gottes der wichtigste. Diese Freiheit Gottes ist nun aber nicht mehr als eine unüberbietbare, weil absolut liebende Selbstbindung an die Schöpfung definiert, sondern als absolute, transzendente, d.h. an nichts und niemanden gebundene Freiheit. Das greift an die Substanz des biblischen Gottesgedankens, für den das Interesse am Menschen und die Betroffenheit durch menschliches Geschehen und Handeln konstitutiv gewesen waren.[9] Ein solcher Gott wird auf dem Hintergrund der konkreten Erfahrungen dann tatsächlich zum expliziten Feind des Menschen und als jener „Kannibale im Himmel“ (Ernst Bloch) gefürchtet, „dessen Wüten mit Schwert und Lanze [oder: Pfeil

[9] Cf. Hans Blumenberg, *Legitimität der Neuzeit*, Frankfurt/M. [2]1988, 198s.

und Bogen] gegen seine Geschöpfe auf zahlreichen Tafelbildern dargestellt wurde“[10].

Dieser theologische Abgrund setzt wohl zu Recht eine im wahrsten Sinn des Wortes NOTwendige, humane Selbstbehauptung in Gang. Sie lehnt sich gegen diesen Willkürherrscher auf und pocht stattdessen auf die menschliche Vernunft, auf die Einsichtigkeit von Welt und Geschichte. Das späte Mittelalter und der Nominalismus erweisen sich nicht nur als Entstehungsort und eigentliche Quelle des neuzeitlichen Autonomiegedankens. Das leise Gift des hier verloren gegangenen Gottvertrauens wirkt schleichend destruktiv; und zwar auf einem zentralen Feld der Theologie: der Frage nach Heil und Erlösung und damit der Christologie.

Indes trägt hier das Spätmittelalter nur die Folgen jener Erblast, die der christlichen Gottes- und Erlösungsvorstellung von keinem geringeren als Augustinus aufgebürdet wurde: Der Erblast des Neides der Gottheit. In seiner Deutung von Erlösung kann Augustinus sich an einem zentralen Punkt nicht von seinen neuplatonischen Wurzeln trennen. Seine Verhältnisbestimmung von Gott und Mensch ist durch eine bleibende Dialektik, ja eine unterschwellige Konkurrenz gekennzeichnet. Auf die Frage nach der Ursache für das Böse in der Welt kann es für ihn nur ein „Entweder – oder“ geben: entweder Gott oder der Mensch. Sein Versuch einer Theodizee operiert daher mit dem Argument des durch den Menschen selbst verschuldeten Übels. Die physischen Mängel der Welt sind nichts anderes als die gerechte Strafe für das durch die menschliche Freiheit verursachte Böse. Diese einseitige „Lösung“ des Augustinus, dem Menschen nun alle Last aufzubürden und ihm die erbsündige Schuld schlechthin zuzuschreiben, löst indes nur auf den ersten Blick

---

[10] PETER DINZELBACHER, (ed.), *Handbuch der Religionsgeschichte, Bd. 2 Hoch- und Spätmittelalter*, Paderborn 2000, 133. Solche Darstellungen bleiben Elemente des gängigen bildkünstlerischen und literarischen Repertoires bis in die Renaissance und ins Barock (cf. Id., *Angst im Mittelalter. Teufels-, Todes- und Gotteserfahrung: Mentalitätsgeschichte und Ikonographie*, Paderborn 1996, 138). Erst im ausgehenden Mittelalter erhält der Vater wieder menschlichere Züge z.B. im Typos des Gnadenstuhls (cf. Id., *Religionsgeschichte*, 133). Ein poetisches Beispiel der Umsetzung des ockhamschen Willkürgottes stellt Boccaccios „Decamerone“ dar: Gott handelt hier „nicht weniger nach dem Lustprinzip als die Menschen – er hat lediglich die besseren Karten“ (HANSJÜRGEN VERWEYEN, *Theologie im Zeichen der schwachen Vernunft*, Regensburg 2000, 56).

das Problem. In der augustinischen Gnadenlehre kommt es dann im Zusammenhang mit dem Prädestinationsgedanken bereits zu jenen Verdunklungen innerhalb des Gottesbildes, deren letzte Konsequenzen das späte Mittelalter „nur noch“ austragen muss: die einen bestimmt Gott zum Heil, die anderen (und zwar den weit größeren Teil) zur Verdammnis. Warum weiß keiner. Der Schritt in den Abgrund des nominalistischen Willkürgottes und damit der Plausibilitätsverlust der theologischen Rede von einem heilenden und erlösenden, kurz: von einem gerade durch seine Liebe und Treue zu identifizierenden Gott sind damit schon vorprogrammiert. Und die Kosten dafür trägt die Christologie!

Im Rahmen der theologiegeschichtlichen Entwicklung verlangsamen Reformation und katholische Reform allenfalls diese Entwicklung; aufhalten oder gar umkehren können sie sie aber nicht. So atmet Martin Luthers christozentrische Rechtfertigungstheologie in der Exklusivität des sola gratia, sola fide, solus Christus zwar immer noch Reste des nominalistischen Gottesverständnisses – jenes deus absconditus, vor dessen verurteilendem Verwerfungswillen nur der Glaube an das in Christus geschenkte Heil rettet. Aber gerade die Christozentrik schenkt der existentiell erfahrenen Beziehungsnot des Menschen die notwendige und einzig mögliche Gewissheit, die zu einem nun individuell ausgerichteten und bestimmten Gottesverhältnis vonnöten ist.[11] Demgegenüber baut die katholische Reform auf die Vermittlungsinstanz der sakramentalen Wirksamkeit der Kirche.[12] Doch erscheint dieses Angebot nur auf den ersten Blick als weniger individualisiert. Der grundlegende Bruch und die Notwendigkeit eines individuell-existentiellen Gottesbezugs mögen hier durch das zunehmende Wirklichkeitsdefizit einer verstärkt in Erlösungssystemen denkenden neuscholastischen Theologie weniger offensichtlich sein, sie treten aber je länger desto deutlicher als theologisches Grundbedürfnis an die Oberfläche. Nur mit Mühe schafft die römisch-katholische Kirche

---

[11] Vor diesem Hintergrund ist es nicht erstaunlich, dass das Motiv des Gnadenstuhls – der den toten Christus präsentierende, in communio mit dem Hl. Geist mitleidende Gottvater – zu einer signifikanten Christusdarstellung der Zeit wird.

[12] Bedenkt man hier, dass die Gottesmutter stets als ikonographisches Pendant der Mater Ecclesia gedient hat, so mag kaum erstaunen, dass im katholischen Bereich die Pietà an die Stelle des Gnadenstuhls tritt.

in der zweiten Hälfte des 20. Jh. den notwendigen Paradigmenwechsel zu einer anthropologischen Grundlegung aller Theologie, um darin auf jene grundlegende Infragestellung des Erlösungsgedankens reagieren zu können, die Neuzeit und vor allem Aufklärung in den Diskurs eingebracht hatten. Das geschieht übrigens in engem Zusammenhang mit einer Wiederentdeckung der christologischen Mitte aller Theologie.

Doch bleiben wir in der chronologischen Entwicklung der Dinge: Der aufklärerische Impuls des 19. Jh. versteht Erlösung nicht mehr als etwas von Gott am Menschen Bewirktes; geschweige denn die Frucht einer Tat, die stellvertretend von einem anderen – und sei es von einem Gott-Menschen – geleistet wurde. Sondern der Mensch muss sein Heil, seine Erlösung selbst erlangen, sollen sie für ihn bedeutsam sein. „Nicht darauf darf es ankommen, auf eine übervernünftige und der Vernunft nicht zugängliche Heilsinitiative Gottes sich zu verlassen, sondern allein darauf, das nicht zu versäumen, was der Mensch tun kann und soll – den Auszug aus der selbstverschuldeten Unmündigkeit und Unfreiheit selbst zu wagen."[13] Eine derartige ‚Rationalisierung' von Gott, Heil und Erlösung und die Beschränkung seines Handelns auf das, was menschlicher Vernunft angemessen ist, lässt es nur noch als kleinen Schritt erscheinen, bis eine solche Rede vom Handeln Gottes als „Mystifizierung", ja als „Projektion" der eigenen Selbstbestimmung aufgedeckt wird und so die theologische Rede als verkappte Anthropologie entlarvt ist. In konsequenter Weise wird Ludwig Feuerbach diesen Grundgedanken der Aufklärung zu Ende denken. Der Macher Mensch ist endgültig in die Fußstapfen des Schöpfergottes getreten. Mit diesem Gedanken indes auch die Idee Gottes selbst explizit zu verabschieden, bleibt einem noch radikaleren Denker, nämlich Friedrich Nietzsche, vorbehalten: Erlöse uns vor solchen Erlösern und von den mit der traditionellen Gestalt von Soteriologie und Christologie verbundenen Pathologien des Christentums – lautet sein Glaubensbekenntnis. Dionysos gegen den Gekreuzigten! Nietzsches eigener Gegenentwurf – das Ideal des Übermenschen, der sich, allein gelenkt durch den Willen zur Macht, die Welt unterwirft und den Mitmenschen zum notwendig kalkulierten Opfer macht – führt in

---

[13] JÜRGEN WERBICK, *Soteriologie*, Düsseldorf 1990, 17.

gleichermaßen dramatische Abgründe. Dennoch bleibt sein Urteil über die immanenten Schwachstellen der christlichen Erlösungsvorstellung und damit des „blinden Flecks" traditioneller Christologie eine durch nichts aufzuhebende Mahnung. Können wir Christologie betreiben, ohne in die von Nietzsche so treffend analysierte Falle zu gehen? Steht die mit dem Gedanken an Erlösung verbundene Gottesrede nicht immer in der Gefahr, von Gott entweder als dem Lückenbüßer oder eben als Konkurrenten des Menschen zu sprechen? Verbleiben die Rede von Erlösung/Erlösungsbedürftigkeit und der Gedanke eines in sich erfüllten menschlichen Lebens und damit das Verhältnis von Christologie und Soteriologie nicht notwendig in einer unaufhebbaren Dialektik? Die langfristigen Auswirkungen des von Nietzsche auf den Punkt gebrachten, uneinholbaren Bruchs können wir an der eingangs skizzierten Ausgangssituation ablesen.

II.2 Religionstheologische Interventionen

A. Jüdische Anfragen

Im Gespräch mit dem Judentum kommen wir hinter die Zäsur, die wir mit dem Begriff „Auschwitz" verbinden, nicht zurück. Dabei ist jener Vorwurf von Johann Baptist Metz ernst zu nehmen, der die traditionelle Gestalt der Christologie als „Speerspitze des christlichen Antijudaismus" bezeichnet hat. Das zwingt zu einem grundlegenden Umdenken innerhalb der Christologie, die allzu lange als Exklusionskriterium gegen das Judentum instrumentalisiert wurde. Und zwar auf eine doppelte Weise:

Erstens: Eine nicht antijudaistische Christologie hat beim irdischen Jesus selbst anzusetzen. „Denn die Christologie hat ausschließlich die Bedeutung der Geschichte zu explizieren und deren theologische Voraussetzung zu klären, die die Lebensgeschichte Jesu ist, also des Menschen, den der christliche Glaube als den Messias aller Menschen bekennt."[14] Es gab eine Zeit in

[14] MAGNUS STRIET, Christologie nach der Shoah. Horizontverschiebungen, in: *Streitfall Christologie. Vergewisserungen nach der Shoah*, ed. H. HOPING – J.-H. TÜCK, Freiburg 2005, 182-215, 196.

der Entwicklung der katholischen Dogmatik der letzten Jahrzehnte, in der man diese Umorientierung in Sachen Christologie etwas plakativ mit den Stichworten Christologie von unten vs. Christologie von oben etikettiert hat. Die pauschale Gegenüberstellung wird der eigentlichen Problemstellung nicht gerecht. Das Neue Testament zeigt uns die *Bedeutung* der Person Jesu von Nazaret, indem sie uns auf sein Handeln, Tun und Wollen verweist. Das Neue Testament betreibt Christologie, indem es insbesondere die Lebensgeschichte dieses Menschen als eine mit anderen Menschen gelebte Freiheitsgeschichte erkennen lässt. Dabei herrscht Übereinstimmung darin, dass in soteriologischer Hinsicht das Entscheidende bereits begonnen hat. So konzentriert sich die Christologie der neutestamentlichen Autoren auf diese konkrete Person und ihre Wirkung und benennt beides als Urgrund und Einheitspunkt jedes weiteren Nachdenkens. Jesu „Würde" „wird im Neuen Testament gerade an seinem unvergleichlichen *Gottesverhältnis* offenbar, wenn er sich von Gott ermächtigt weiß, vom Vater her und auf ihn hin lebt, handelt und betet. *Aus* diesem Verhältnis Jesu erhebt sich die Frage, *wer er sei, von wem er gesandt sei*, in wessen Vollmacht er so rede und handle."[15] Erst allmählich vertieft sich diese Frage bis zur von der Philosophie inspirierten Sprechweise der altkirchlichen Konzilien, in der diese „Würde" Jesu ihre konkrete Bestimmung erhält: Er ist der Christus, der Herr, der ewige Sohn etc.

Vor diesem Hintergrund führt die Anfrage seitens des Judentums zur Notwendigkeit einer Re-Vision der eigentlichen Grundlage des Christusglaubens. Dabei ist die Bindung jeglicher spekulativ-metaphysischer Aussageform an die biblische Überlieferung insofern prägend, als diese gerade die Menschlichkeit Jesu als Quelle seiner „Würde", seiner Gottesnähe, seiner „Göttlichkeit" bestimmt und damit die Verortung des entscheidend Christlichen in der alttestamentlichen Gottesrede nicht abschwächt, sondern verstärkt. Damit gilt es einen latenten Monophysitismus im Gefolge des Konzils zu Chalcedon zu überwinden und eine an der menschlichen Wirklichkeit Jesu als Modus und Ort der Selbstoffenbarung Gottes ansetzende

---

[15] DIETRICH WIEDERKEHR, *Entwurf einer systematischen Christologie* (MySal 3/1), Einsiedeln (u.a.) 1970, 492.

Christologie zu etablieren. Sie verliert unmittelbar ihr antijudaistisches Potenzial, weil sie den jüdischen Kontext aller Christologie als unaufhebbaren Deutungs- und Verstehenshorizont ernst nimmt.

Zweitens: Gottes in Jesus von Nazaret als dem Christus verwirklichtes „Ja" bedeutet eben gerade nicht, dass schon alles erfüllt ist.[16] Die in Jesus geschehene Selbstoffenbarung Gottes ist zwar endgültig (weil unüberbietbar konkret geworden), aber sie ist noch nicht vollendet. Die Unbedingtheit der offenbar gewordenen Liebe Gottes ist unüberbietbar konkret geworden, aber das darin sichtbar gewordene Versprechen der endgültigen Zuwendung Gottes ist ein noch einzulösendes. Eine daran orientierte Christologie kann nicht mehr mit den gewohnten Stereotypen der Exklusion (z.B. dem Schema von Verheißung und Erfüllung) arbeiten, die über Jahrhunderte hinweg das Verhältnis von Judentum und Christentum geprägt hat. Sondern sie muss ausgehend vom Grunddiktum einer funktionalen Christologie die Bedeutung des Messiasgedankens als Retter, Erlöser, Heiland, eben als Abbild der rettenden Fürsorge Gottes stark zu machen versuchen, und zwar auch und gerade angesichts dessen, was mit dem Menetekel Auschwitz angesprochen ist. Die Frage einer Theologie nach Auschwitz spitzt sich auf die Frage nach dem Gottesbegriff zu und gleichzeitig schärft sie die Frage nach der Christologie auf die Frage nach der „eschatologischen Bewährung des messianischen Subjekts Jesu" (Th. Freyer) zu. Oder mit J. H. Tück: „Erst am Ende wird sich erweisen, ob jüdische Messiaserwartung und christliche Parusiehoffnung konvergieren."[17]

Damit ist von einer Christologie Abschied zu nehmen, die schon alle Fragen für beantwortet hält. Eine christologisch orientierte Hermeneutik der Hoffnung kann sich an der Endgültigkeit der Heilszusage Gottes in Jesus von Nazaret festhalten, ohne die Erinnerung an das geschehene und erfahrene Leid in der Welt damit schon als überwunden und versöhnt „stillzule-

[16] Cf. dazu und zum folgenden: THOMAS PRÖPPER, *Evangelium und freie Vernunft*, Freiburg 2011, bes. 40-56; 300-321.

[17] JAN-HEINER TÜCK, Jesus Christus – Gottes Heil für uns. Eine dogmatische Skizze, in: *Jesus begegnen. Zugänge zur Christologie*, ed. GERHARD HOTZE et al., Freiburg 2009, 119-176, 170.

gen"; also ohne jene Fragen, die angesichts des Schmerzes, der Not und des Todes der Gedemütigten und Erschlagenen als Schreie nach Gerechtigkeit laut werden, schon beantwortet zu wissen. Angesichts dieses Abgrundes von Versöhnung, ja Erlösung zu sprechen, die weder hinter dem Rücken der Opfer geschieht, noch die Täter auf ewig verloren gibt, setzt nicht nur den Gottesbegriff einer unerträglichen Spannung aus, sondern treibt die Theodizeefrage auf die Spitze. Und sie stellt die Frage nach Erlösung, bzw. dem Erlöser und seinem erlösenden Handeln auf universale Weise neu. Denn eine auf ewig unversöhnte Schöpfung wäre eine verlorene Schöpfung (Origenes).

Die entscheidende Frage der Christologie in ihrer soteriologischen Dimension bleibt am Ende notwendig offen: Die christliche Hoffnung setzt dabei auf jenen Gott, „der in der Lebensgeschichte Jesu sich selbst riskierend das Risiko einer göttlichen Geschichte mit den Menschen bis ins Äußerste gelebt hat; [sie] erhofft noch von einem Gott, der sich am Ende selbst hat dafür zerbrechen lassen."[18] Von ihm wird die Antwort gerade deshalb erhofft, weil er sie noch schuldet. Auch eine österliche Christologie wird in die stille Fraglichkeit des Karsamstages zurück gezwungen.[19]

B. Islamische Herausforderungen

Der Koran ist – neben dem Neuen Testament – die einzige Hl. Schrift einer Weltreligion, in der Jesus eine zentrale Rolle spielt. Damit unterscheidet sich aber der christlich-islamische Dialog über Jesus von allen anderen Dialogen.[20] Wie geht man mit diesem Sachbestand angemessen um? Hier sei ein kurzer Seitenblick auf die Fortschritte im jüdisch-christlichen Dialog der letzten Jahrzehnte gestattet.

Auch hier musste zunächst einmal die Tatsache einer gemeinsamen Offenbarungstradition hermeneutisch angemessen beurteilt werden. Das traditionelle christliche Instrumentar von

---

[18] MAGNUS STRIET, *Christologie* (Anm. 14), 211.

[19] Cf. ib. 215.

[20] Cf. MARTIN BAUSCHKE, Jesus als Beispiel der Gott-Mensch-Beziehung im Koran, in: HANSJÖRG SCHMID – ANDREAS RENZ – JUTTA SPERBER (ed.), *Heil in Christentum und Islam. Erlösung oder Rechtleitung?* (Hohenheimer Protokolle 61), Stuttgart 2004, 101-119, 117.

typologischer und allegorischer Auslegung oder gar das Verheißung-Erfüllung-Schema hatten sich nicht nur angesichts der aus ihnen resultierenden fatalen Geschichte als inadäquat erwiesen. Die Hermeneutik einer doppelten Wirkungsgeschichte war hier weiterführender; sowohl hinsichtlich der Gemeinsamkeiten wie der Unterschiede. Mitunter ist das jüdisch-christliche Gespräch über verschiedene theologische Themen heute soweit gediehen, dass die Trennlinien nicht mehr zwischen Juden und Christen, sondern in Deutungsschulen jenseits dieser Grenze verlaufen. Was sind die Konsequenzen für den christlich-muslimischen Dialog?

Neben der Klärung traditionsgeschichtlicher Fragen muss die Frage nach der Person Jesus von Nazaret im Mittelpunkt stehen. Wieder ebenso prägnant wie provozierend formuliert: Gibt es eine islamische Christologie? Ja, die gibt es. Der „Jesus des Koran und späterer muslimischer Frömmigkeit [ist] viel mehr als ein nur menschliches Wesen oder bloß einfach der Botschafter eines Buches. Während der Jesus des Islam nicht der Christus der Christenheit ist, spricht der Christus des Evangeliums oft durch den einfachen menschlichen Jesus muslimischer Frömmigkeit. [...] die freien Geister islamischer Mystik fanden im Menschen Jesus nicht nur das Beispiel von Frömmigkeit, Liebe und Weltentsagung [...], sondern ebenso den Christus, der die erfüllte Menschheit verkörpert, eine Menschheit, die vom Lichte Gottes erleuchtet ist. [...] Die Manifestation der göttlichen Schönheit in und durch den Menschen. In diesem Begriff der göttlichen Manifestation konvergieren islamische und christliche Jesusbilder in vielen Punkten."[21]

Eine solche Christologie – vielleicht sollte man sie in einem ersten Anlauf eher als „Jesulogie" bezeichnen – mag der christlichen inhaltlich auch konträr gegenüber stehen. Und doch ist sie eine dem Islam selbst entspringende Basis, die die christologische Kernproblematik interreligiös nicht als Exklusions-, sondern als Dialogkriterium etabliert, und darin etwas von der Grundüberzeugung umsetzt, die das II. Vatikanum mit den Worten umschreibt: Das österliche Geheimnis „gilt nicht nur

---

[21] Mahmoud Ayoub, Auf dem Weg zu einer islamischen Christologie, in: *Lust an der Erkenntnis. Theologie des 20. Jahrhunderts*, ed. Karl-Josef Kuschel, München 1986, 157-162, 162.

für die Christgläubigen, sondern für alle Menschen, in deren Herzen die Gnade unsichtbar wirkt. Da nämlich Christus für alle gestorben ist und da es in Wahrheit nur eine letzte Berufung des Menschen gibt, die göttliche, müssen wir festhalten, dass der Heilige Geist allen die Möglichkeit bietet, diesem österlichen Geheimnis in einer Gott bekannten Weise verbunden zu sein." (Gaudium et Spes 22) Darum nennt jedes christliche Bekenntnis zu Jesus von Nazaret als dem Christus als seine eigentliche Mitte die Frage nach Gott. Ja, die christologische Lehrentwicklung ist letztlich ein Ringen um die Konsistenz der Gottesvorstellung und des Verhältnisses von Gott und Welt. Hier verweist die christologische Fragestellung auf ein prinzipielles Problem.

Jede christologische Aussage hat ihr „nervöses Zentrum" doch in der Überzeugung, dass Gott in menschlichen Worten und Erfahrungen wirklich an- und aussprechbar ist. Das begründet sich darin, dass die biblische Überlieferung keinen prinzipiellen Gegensatz sieht zwischen Gott und dem, was dem Menschen als Menschen möglich ist. Daher wird die Vorstellung eines absoluten Gegensatzes von Gott und Welt im Judentum und noch deutlicher im Christentum von Anfang an als Häresie, als Irrlehre bezeichnet. Der Glaube an den heilbringenden und zum Wohl der Menschen handelnden Gott lässt sich nicht jenseits dieser Welt fixieren: „Der Faden zwischen Schöpfung und Erlösung reißt nicht."[22] Gott enthüllt sich, indem er sich in den Menschen hineinhüllt – so hat Hans Urs von Balthasar dieses christologische Paradox des Offenbarungsgedankens einmal auf den Punkt gebracht. Und weil das so ist, ist das „Sich-Aussagen Gottes", seine „Selbst-Offenbarung" existentiell, personal, politisch, kulturell, ja wie Jesus von Nazaret zeigt, in allen Fasern zutiefst menschlich.

Gerade der Diskurs mit dem Islam macht deutlich: Christologische Aussagen haben eine heuristische Funktion, nämlich die, den Glauben an jene im Christusereignis letztgültig sichtbar gewordene, nicht mehr aufhebbare Verbindung von Gott und Mensch plausibel zu machen. Der notwendige Streit um

---

[22] Cf. JÜRGEN WERBICK, Absolutistischer Eingottglaube? Befreiender Polytheismus? In: THOMAS SÖDING (ed.), *Ist der Glaube Feind der Freiheit?*, Freiburg (u.a.) 2003, 142-175; 158.

die Christologie ist kein Streit um Wesensaussagen, sondern es geht um die Offenbarungsproblematik selbst. Erst damit scheint die entscheidende theologische Tiefendimension der Problematik erreicht.

III. Notwendige Re-Visionen

III.1 Inklusiver Universalitätsanspruch statt Exklusion

Der biblische Monotheismus ist bekanntlich gerade deshalb ein aufgeklärter und aufklärerischer Monotheismus, weil er „davor zurückschreckt, Gott zum Instrument seines eigenen Willens zu machen“[23]. Die im biblischen Bilderverbot in das Gottesverständnis bleibend eingetragene Unterscheidung von Gott und Welt, jene Transzendenz in Immanenz, die das biblische Bilderverbot festzuhalten versucht, besitzt eine grundlegende Sensibilität für die „Gebrochenheit“ jedes göttlich-menschlichen Machtkontinuums und dementiert damit jeden Automatismus einer Identifikation von Herrschaft und Heil. „Der transzendente Gott lässt sich prinzipiell nicht einbinden in menschliche Interessen.“[24] Der biblische Monotheismus etabliert sich damit ausdrücklich als „Gegenbesetzung“ zu jedem religiösen Funktionalismus[25] und damit auch zu jeglicher politischer Instrumentalisierung von Religion. Denn als ein „privativer Monotheismus“ will er gerade „nicht herrschen, sondern Herrschaft wegnehmen, Gewalt begrenzen. [...] Der faktisch Herrschende ist nicht mehr der Höchste. Seine Karriere schließt

[23] ECKHARD NORDHOFEN, Die Zukunft des Monotheismus, in: *Nach Gott fragen. Über das Religiöse, Sonderheft ‚Merkur. Deutsche Zeitschrift für europäisches Denken‘*, ed. KARL HEINZ BOHRER et al., Berlin 1999, 828-846, 834. Das usurpatorische Interesse an der Instrumentalisierung der Gottheit hat es dagegen „im Polytheismus allerdings wesentlich leichter. Jedem menschlichen Interesse entspricht eine himmlische Adresse [...]. Es entspricht einem tiefsitzenden Tauschprinzip, das im Verkehr der Menschen untereinander als Grundregel sozialen Verkehrs wirkt. Nicht nur Waren werden äquivalent getauscht, sondern Sym- und Antipathien. [...] Entsprechend unterliegt die Wechselwirtschaft mit den Göttern ebenfalls dem Grundgesetz eines symbolischen Tauschverkehrs“ (ib. 837).

[24] JÜRGEN WERBICK, *Absolutistischer Eingottglaube* (Anm. 22), 170.

[25] Ib. 171.

den Gottesposten nicht mehr ein. Gott ist Gott, nicht der König. Der Herrscher muss seine Herrschaft eschatologisch teilen. Die These hat viel für sich, daß die eschatologische Gewaltenteilung das Urbild aller Gewaltenteilung ist."[26] Transzendenz Gottes im Sprachgebrauch der Bibel bedeutet daher zunächst einmal „Nicht-Vereinnahmbarkeit". Daher zeichnet sie sich dort, wo sie als Ereignis erfahren wird, in eine „‚Kultur der Alternitätsmarkierungen' ein, die eine vereinnahmende Identifikation nicht mehr zulässt".[27] Der „privative Monotheismus" der Bibel begründet letztlich auch ein Bestreitungsdenken[28]; er ist notwendig „unbefriedigend und ungesättigt"; er ist „die Religion der nicht aufgehenden Rechnungen".[29]

Diese antiusurpatorische Option begründet sich letztlich im biblischen Gottes*verständnis* selbst: „Der Gott, der aus der Kritik an den selbstgemachten Göttern stammt, […] hat keinen Namen wie diese. Hätte er einen, könnte er mit ihnen in eine Reihe gestellt oder gar mit ihnen verwechselt werden".[30] Deshalb ist der Gottesnamen, wie ihn Ex 3,14 zu verstehen gibt, eben keine „Selbstvorstellung" JHWHs, die „jede Referenz auf die Welt verweigert"[31], sondern der entscheidende Verweis auf einen Gott, der sich in einer ganz einzigartigen Weise als der Anwesende zeigt. Semantisch ist der Gottesname zwar als Leerstelle zu identifizieren, aber es ist, wie die Bibel nicht zu erzählen müde wird, eine Leerstelle, die nach Füllung verlangt. Sie wird biblisch durch Eintrag konkreter Erfahrungen gefüllt, die sich an der ursprünglichen im Exodus sich ereignenden Befreiungserfahrung messen und diese sozusagen erneuern[32]. Eine solche Erfahrung Gottes aber exkludiert die anderen indes nicht, sondern schließt sie ein, denn Freiheit ist kein teilbares oder aufteilbares Gut!

---

26 ECKHARD NORDHOFEN, *Zukunft* (Anm. 23), 843.
27 Ib.
28 Ib. 841.
29 Ib. 842.
30 Ib. 839.
31 So JAN ASSMANN in: Einleitung (A. und J. Assmann; W.-D. Hartwich) in: JACOB TAUBES, *Vom Kult zur Kultur. Bausteine zu einer Kritik der historischen Vernunft. Gesammelte Aufsätze zur Religions- und Geistesgeschichte,* München 1996, 27.
32 Cf. KLAUS MÜLLER, *Monotheismus unter Generalverdacht* (rhs 10), 2002, 339-350, 347.

Die Erfahrung Gottes ist hier zu identifizieren als existentiell-konkrete „Erfahrung in Geschichte und Gesellschaft als Raum und Medium des Religiösen und gleichzeitig radikale Transzendenz des in diesen Erfahrungen sich bezeugenden Gottes“[33]. Daher ist der biblischen Gottesrede auch und gerade eine apophatische, eine negative Theologie angemessen.[34] Auch das Christusereignis verbleibt in der Spur der alttestamentlichen Apophatik, das sich gegen jeglichen Bemächtigungsversuch wehrt. Denn das christliche Bekenntnis zur Inkarnation bewegt sich in der Spur der gleichen Logik: Das gilt auch und gerade für den „Ernstfall“ des Erscheinens des Absoluten: den Gekreuzigten[35]. Dieses Gottesverständnis einer theologia crucifixi erweist sich resistent gegenüber jeglichen Bemächtigungsversuchen wie gegenüber jeglicher demonstrativer Exklusivität. Das dürfte uns im Ringen um eine „Christologie nach Auschwitz“ mehr als klar geworden sein.

Diese notwendige Ungesättigtheit und damit Offenheit der Gottesrede ermöglicht daher einen prinzipiell veränderten Blick. Darauf verweist bereits der alttestamentliche Erwählungsgedanke[36]. Dieser Gedanke ist, wenn die universale Verheißungsperspektive der Erwählung Abrahams in den Blick genommen wird, „dazu geeignet, einen ausgrenzenden, Monotheismus endgültig verschwinden zu lassen“[37]. Denn dort, wo „Erwählung kein knappes Gut mehr ist [...], ändert sich ihr Begriff“, weil sich der Blick auf den Anderen verändert. „Dieser ist kein potentieller Rivale mehr, sondern ein Kind Gottes wie ich.“[38] Das Christusereignis aber bringt dieses prinzipielle „für

---

[33] Ib.

[34] EVA-MARIA FABER, *Negative Theologie heute. Zur kritischen Aufnahme und Weiterführung einer theologischen Tradition in neuerer systematischer Theologie* (ThPh 74), 1999, 481-503, 502s.

[35] Hier wird Gott in einer menschlichen Freiheit sichtbar, „die einverstanden [wird] damit, daß die Einmaligkeit, die durch nichts aufzuwiegende Eigenbedeutung, die einem eignet, untrennbar zusammengehört mit der Marginalität qua kontingenter Beliebigkeit hinsichtlich jeglicher Dimension der Existenz“ (KLAUS MÜLLER, *Wenn ich ‚ich‘ sage. Studien zur fundamentaltheologischen Relevanz selbstbewußter Subjektivität*, Frankfurt 1994, 583).

[36] Cf. ECKHARD NORDHOFEN, Zukunft (s. Anm. 23), 834.

[37] Cf. ib. 834f.

[38] Ib. 835. „Statt im Girardschen Dreieck der Rivalität findet sich der universale Monotheist in einem neuen Dreieck der Akzeptanz“ (ib. 835).

alle" nur noch einmal explizit auf den Punkt. Diese Perspektive ermöglicht es aber nun, zugleich einen Universalitätsanspruch zu vertreten (die universale Bedeutung des im Christusereignis sich endgültig zum Ausdruck bringenden Heilswillens Gottes), der aber niemanden ausschließt, sondern gerade im Einschluss aller seine Exklusivität verwirklicht. Dieser Perspektivenwechsel liegt auch der religionstheologischen Wende des II. Vatikanischen Konzils zugrunde, die stets beide Bewegungen im Blick hat und zum Ausgleich zu bringen versucht: Die Anerkennung des anderen und das Bewusstsein der eigenen, auf andere offenen Identität. „Mit aufrichtigem Ernst betrachtet [die Kirche] jene Handlungs- und Lebensweisen, jene Vorschriften und Lehren, die zwar in manchem von dem abweichen, was sie selber für wahr hält und lehrt, doch nicht selten einen Strahl jener Wahrheit erkennen lassen, die alle Menschen erleuchtet. Unablässig aber verkündet sie und muß sie verkündigen Christus, der ist ‚der Weg, die Wahrheit und das Leben' (Jo14, 6), in dem die Menschen die Fülle des religiösen Lebens finden, in dem Gott alles mit sich versöhnt hat." (Nostra Aetate 2)

Dafür hatte die Erklärung des Konzils zur Religionsfreiheit (Dignitatis humanae; DiH) eine erkenntnistheoretische Bresche in das theologiegeschichtliche Selbstverständnis der Katholischen Kirche bezüglich der Wahrheitsgebundenheit des Glaubens geschlagen, die man zu Recht wohl als prinzipiellen Paradigmenwechsel verstehen kann. Denn sie verbindet Wahrheitsverständnis und Freiheitsbegriff aufs Engste, indem sie beides in der unteilbaren Würde der menschlichen Person selbst begründet: „Das Vatikanische Konzil erklärt, daß die menschliche Person das Recht auf religiöse Freiheit hat. [...] Ferner erklärt das Konzil, das Recht auf religiöse Freiheit sei in Wahrheit auf die Würde der menschlichen Person selbst gegründet, so wie sie durch das geoffenbarte Wort Gottes und durch die Vernunft selbst erkannt wird. [...] Weil die Menschen Personen sind, d. h. mit Vernunft und freiem Willen begabt und damit auch zu persönlicher Verantwortung erhoben, werden alle – ihrer Würde gemäß – von ihrem eigenen Wesen gedrängt und zugleich durch eine moralische Pflicht gehalten, die Wahrheit zu suchen, vor allem jene Wahrheit, welche die Religion betrifft. [...] Der Mensch vermag aber dieser Verpflichtung auf die seinem eigenen Wesen entsprechende Weise nicht nach zu kommen, wenn er nicht im Genuß der inneren, psychologischen Freiheit und zugleich der Freiheit von äußerem Zwang steht. Demnach ist das Recht auf religiöse Freiheit nicht in einer subjektiven Verfassung der Person, sondern in ihrem Wesen selbst begründet. So bleibt das Recht auf religiöse Freiheit auch denjenigen erhalten, die ihrer Pflicht, die Wahrheit zu suchen und daran festzuhalten, nicht nachkommen, und ihre Ausübung darf nicht gehemmt werden, wenn nur die gerechte öffentliche Ordnung gewahrt bleibt." (Dignitatis Humanae 2)

Was zunächst wie die Übernahme eines sehr weiten politischen Toleranzbegriffs erscheint, erweist sich bei näherem Hinsehen als eine Neufundierung des Wahrheitsdiskurses auf einer tiefer gründenden Basis: Denn indem zunächst „diese Wende alle religiösen Positionen unzensiert lässt, kann sie zugleich zur Aufforderung an alle werden, in dem neu gewonnenen Freiheitsraum nun ein im Wortsinn ‚zwangloses' Ringen um die inhaltlichen Glaubenswahrheiten zu beginnen. Sie lädt ein, die zur Gewinnung dieses Freiraums sistierte inhaltliche Auseinandersetzung unter fundamental veränderten Bedingungen, im besten Sinn ‚entfesselt', auf neuem Niveau wieder aufzunehmen."[39] Wo Glaube und Bewahrheitung des Glaubens als anthropologische Größen und als freiheitliche Verpflichtung deutlich werden, gilt tatsächlich der Satz: Kein Zwang in Glaubensdingen! Welche Brisanz dieses gerade auch erkenntnistheoretisch erhält, dürfte den meisten nicht erst seit der Regensburger Vorlesung Benedikts XVI. deutlich geworden sein. Dass in der Mitte dieses Ansatzes aber gerade das Ringen um eine neue Sprachfähigkeit des christologischen Dogmas steht, muss noch einmal tiefergehend begründet werden.

In seiner ersten Enzyklika „Deus caritas est"[40] hat Benedikt XVI. die religionstheologisch-hermeneutische Valenz des christologischen Grundbekenntnisses deutlich hervorgehoben. Vom Gott der Liebe zu sprechen und von daher das Doppelgebot in den Blick zu nehmen, prägt dem biblischen Gottesbegriff eine

---

[39] GERHARD KAISER, *Toleranz. Der historische und aktuelle Spielraum einer Idee*, in: SdZ 228 (2010), 541-555, 546.

[40] BENEDIKT XVI., *Enzyklika „Deus caritas est", Verlautbarungen des Apostolischen Stuhls Nr. 171*; 25. Dezember 2005.

unaufgebbare Grundsignatur ein. Indem nämlich ein streng metaphysisches Gottesbild durch das Verständnis von Gott als Liebendem dekonstruiert wird. Gerade die innere Bindung von Freiheit an Liebe, die den Gottesbegriff selbst grundlegend strukturiert, bildet bekanntlich den Glutkern der Christologie. Hier entscheidet sich aber nicht nur innerchristlich Grundlegendes, es ist der Wetterwinkel jeglicher interreligiösen Hermeneutik.

Eigentlich entbehrt dabei folgende Beobachtung zur Frage des Universalitäts- wie des Exklusivitätsanspruchs des Christentums nicht einer gewissen Pikanterie: Gott würde gerade für uns Christinnen und Christen zum unsicheren Kantonisten, wenn unklar ist, ob er in seiner Entschiedenheit für die Welt, in seiner Entschiedenheit für den Bund mit Israel unbedingt treu ist. Wir sägen uns den theologischen Ast ab, auf dem wir sitzen, wenn wir nicht mehr annehmen dürfen, dass sich Gottes Freiheit in unbedingter Treue an seine Liebe bindet. Nur eine vom Fundament einer offenbarungstheologischen Akzeptanz des Judentums her argumentierende religionstheologische Kriteriologie, in deren Zentrum auch und gerade ein konsistenter Gottesbegriff steht, hilft im Dialog mit den anderen Religionen wirklich weiter. Dass wir uns dabei mitten im christologischen Zentrum dieses Gottesbegriffs befinden, lässt sich im Folgenden an den anthropologischen Konsequenzen verdeutlichen. Die anthropologische Grundlegung der westlichen Moderne rekurriert in ihrem Leitgedanken menschlicher Autonomie und Freiheit doch unverkennbar auf einen Freiheitsbegriff, dem als Grundannahme die biblisch-christliche Gottesvorstellung und vor allem deren inkarnatorische Grunddimension unaufgebbar zugrunde liegt.

III.2 Inkarnation als Inklusion: Zur anthropologischen Rückseite jeder christozentrischen Gottesrede

Eine Theologie der Menschwerdung beruht auf der Wahrheit, dass sich das Göttliche im Menschlichen zeigt. Vielleicht noch stärker als von der Schöpfungstheologie her steht hier die Würde des Menschen im Mittelpunkt. Zugleich aber stellt sie das Hier und Jetzt auch kritisch in Frage: Wer bist du, Mensch, wenn Gott selbst Mensch wird? Diese innere Dialektik zwischen der Menschwerdung Gottes und Würdigung des Menschen kommt erst in einem auch das Kreuz in den Blick nehmenden Inkarnationsgedanken an seinen entscheidenden Punkt: Gottes unbedingter Heilswille erhält hier ein menschliches Gesicht, das die Würdigung des anderen als innersten Gehalt der Liebe Gottes bis hin zur un-bedingten Feindesliebe, ja der Lebenshingabe für jenen anderen offenbar werden lässt. Dieses offenbare Antlitz der Liebe Gottes ruft in die Nachfolge dessen, der am Kreuz die incurvatio in se ipsum der (Ur-)Sünde von innen her aufbricht. Solchermaßen zugespitzt wird diese Gestalt der Nächstenliebe zur wahren imago amoris Dei. All das klingt mit, wenn Christinnen und Christen auf dem Fundament des Gottesglaubens Israels von der Einheit von Gottes- und Nächstenliebe, von ihrem Gott als einem Gott der Liebe, ja, wenn sie von Erlösung, wenn sie von Jesus als dem Christus sprechen.

Nimmt man daher die eingangs skizzierte Krise des Erlösungsgedankens ernst, darf man jene notwendige Emanzipationsbewegung selbstkritisch wahrnehmen, die nahe legt, dass nur im Abschied von diesem Gott, Freiheit als die Gabe Gottes an den Menschen denkbar ist. Hier wird schnell deutlich, dass diese Wahrheit der „Legitimität der Neuzeit" nur eine halbe Wahrheit ist. Denn eigentlich war doch der „Inkarnationsgedanke" – so Hans Blumenberg – „eine unendliche Bestärkung der menschlichen Selbstachtung". Durch „ihn blieb nicht beliebig und provisorisch, welche Gestalt der Gott annimmt, denn diese Gestalt wird sein eigenes und bleibendes Schicksal".[41] Die Moderne ist daher bleibend mit der Frage konfrontiert, ob sie durch die für alle Aufklärung notwendige Emanzipation des Denkens vom Glauben nicht eine tragfähige Basis der Würdigung und Wertung des Menschen aufgibt, indem sie die biblischen Setzungen von Gottesebenbildlichkeit und Inkarnation, also eben das jüdisch-christliche Erbe über Bord wirft. Die säkulare Vernunft ist seither damit beschäftigt, die im Inkarnationsbekenntnis liegende unüberbietbare Würdigung des Menschen auf andere Weise wieder einzuholen, ohne mit diesen Versuchen je an ein Ziel zu gelangen.

---

[41] Hans Blumenberg, *Legitimität* (Anm. 9), 585.

III.3 „Wo Himmel und Erde sich berühren": Auf der Suche nach einer neuen Sprache der Erlösung

„Das Weihnachts-Christentum denkt […] vom Anfang her, von der Geburt, es denkt vom Leben her, nicht vom Tod, es denkt für ein Leben diesseits des Himmels."[42] Diese Art Heil und Erlösung zu denken, hat nicht nur die breite Tradition der alttestamentlichen Überlieferung hinter sich, die sich Heil nie anders vorstellen kann, als ein weltlich und geschichtlich wirksames und spürbares Heil, als Heil der Welt und in der Welt. Auch das Christentum war nie eine Jenseitsreligion (obgleich es in manchen Epochen darauf verkürzt wurde). Daher muss die sich hier andeutende Idee einer Erlösung mitten im Leben und mitten ins Leben hinein zum Nachdenken zwingen. Der neutestamentliche Kernsatz hierfür ist: Gott ist Mensch geworden. „Christen bekennen von ihrem Gott, dass er sich nicht zu gut war, einer der Menschen, einer unter unendlich vielen zu werden, er, der einzige und einmalige schlechthin. […] Genau dieser Gottesgedanke ist es, was den christlichen Glauben einzigartig macht: Er macht feinfühlig dafür, dass etwas so Unbedeutendes, Kleines, Überflüssiges, Zerbrechliches, wie es der Mensch seiner Natur nach ist, zugleich einmalig sein kann."[43]

Erlösung und Heil von der Menschwerdung her zu denken bedeutet, den Gedanken des Ankommens Gottes im Menschen, in Geschichte und Welt in den Mittelpunkt zu rücken. Gott ist keine „hinterweltliche" Größe, sondern seine Ankunft in der Welt würdigt unsere Existenz, indem sie versucht, den Menschen von seiner „besten Seite" zu zeigen. Das geschieht, ohne dabei die vorhandenen Runzeln und Makeln einfach wegzuwischen. Aber diese haben eben nicht das letzte Wort, sondern bergen die Möglichkeit eines geschenkten Neuanfangs. Gott selbst wird zum Vorbild wie zur Hebamme wahren menschlichen Lebens. Ein solches Modell von Erlösung traut dem Menschen etwas zu. Es zeigt den Menschen als Lebewesen, „das um seinen Anfang weiß. Um die Kunst des Anfangens weiß. Der

---

[42] Matthias Morgenroth, *Weihnachts-Christentum* (Anm. 5), 141.

[43] Klaus Müller – Bertram Stubenrauch, *Geglaubt – Bedacht – Verkündigt*, Regensburg 1997, 162.

immer wieder neu anfängt. Der Möglichkeiten hat. Der umkehren und von neuem beginnen kann."[44] „Das Wunder", so formuliert Hannah Arendt, „besteht darin, dass überhaupt Menschen geboren werden, und mit ihnen der Neuanfang, den sie handelnd verwirklichen können kraft ihres Geborenseins."[45] Seine Geburtlichkeit konstituiert den Menschen als das Wesen der Freiheit, das beginnen, handeln, eingreifen, verändern, das Verantwortung tragen kann. Eine so ansetzende Vorstellung von Erlösung hat allen Grund, gerade Weihnachten als ihr Fest zu feiern, denn: „Dass man in der Welt Vertrauen haben kann und dass man für die Welt hoffen darf, ist vielleicht nirgends knapper und schöner ausgedrückt als in den Worten, mit denen die Weihnachtsoratorien ‚die frohe Botschaft' verkünden: ‚Uns ist ein Kind geboren'."[46]

Sicher hat sich ein solches „Weihnachts-Christentum" der Frage zu stellen, ob es mehr ist als eine reine Ästhetisierung des Christentums. Es hat zu belegen, dass es nicht nur ein zivilreligiös-bürgerliches kulturelles Versatzstück ist, das seine Plausibilität letztlich durch eine Infantilisierung der Welt gewinnt. Es hat zu zeigen, dass es auch die Abgründigkeit und die Endlichkeit menschlicher Existenz ernst nimmt. Und es muss beweisen, dass es mehr ist als eine erstweltliche Wellness-Variante von Religion, die den Fragen nach Sünde, Schuld, Ungerechtigkeit, Leid und Tod dadurch „löst", dass es sie ignoriert.

Das ist dort zu leisten, wo die im Inkarnationsbekenntnis gründende Sehnsucht nach Vollendung in einer noch unvollendeten Welt offen gelegt wird. Wo die Hoffnung auf Frieden in einer friedlosen Zeit und der Glauben an Gerechtigkeit auch angesichts erfahrener Ungerechtigkeit als die Orte benannt werden, an denen sich für heutige Menschen die Frage nach Heil und Erlösung artikuliert. Sie ist es, wenn sie diese Hoffnung als die Orte benennt, wo für heutige Menschen Gott, seine Transzendenz, erfahrbar werden kann. Sie ist es, wo sie solche Suchbewegungen als Orte identifiziert, an denen der Mensch heute noch die Sehnsucht nach Heil spürt, weil er die eigene Heillo-

---

[44] MATTHIAS MORGENROTH, *Heiligabendreligion* (Anm. 7), 64.
[45] HANNAH ARENDT, *Vita activa oder Vom tätigen Leben*, München [11]1999, 317.
[46] Ib.

sigkeit wie die Geschundenheit der Welt als eine Herausforderung erfährt, auf die er alleine keine Antwort weiß, bzw. sie sich nicht (mehr) zutraut. Genau hier erweist sich der Mensch nämlich als erlösungsbedürftig und vollendungsfähig zugleich. Damit lässt sich ein neuer, positiver Blick auf die Idee von Heil und Erlösung und den Wert der Christologie gewinnen.

Ist das wirklich eine „ernstzunehmende" Art von Christologie? Wo bleibt die Herausforderung von Kreuz und Passion? Wo die Erfahrung der Abgründigkeit, der Gottesferne, ja Gottesnacht? Was hätte demgegenüber eine am Kreuz orientierte Christologie Zusätzliches zu bieten? Dort, wo sie nicht an der formalen Ausgleichslogik des Sühnegedankens scheitert oder Karfreitag allzu schnell in Osterjubel auflöst, sperrt sie sich zu Recht gegen eine allzu geläufige Ästhetisierung von Heil und Erlösung. Das Kreuz ist eben nicht schön, es ist Provokation; es ist Störung des Gewohnten; ein Geschwür in der Landschaft des Schönen[47]. Das Kreuz ist Skandalon – Anstoß – doch wozu? Letztlich doch dazu, dass keiner mehr daran zweifeln kann, wie ernst es Gott damit ist, das einzuhalten, was er im Stall zu Bethlehem versprochen hat. Die Krippe eines sich so entäußernden Gottes, der dort „elend, nackt und bloß" liegt, steht so nicht gegen, sondern in der dunklen Nacht des Kreuzes. Alfred Delp hat diese innere Ernsthaftigkeit von Weihnachten einmal so umschrieben: „Wir sind dem Leben mehr gewachsen, lebenstüchtiger und lebenskundiger, wenn wir den Weisungen dieser [...] Nacht uns öffnen. [...] Lasst uns dem Leben trauen, weil diese Nacht das Licht bringen musste. Lasst uns dem Leben trauen, weil wir es nicht mehr allein zu leben haben, sondern Gott es mit uns lebt."[48]

Die Anschlussfähigkeit einer solchen Christologie an die nur noch als Suchbewegung zu beschreibende anthropologische Grundstruktur der Sinnfrage in der späten Moderne wird sich noch erweisen müssen. Bedenkenswert ist dabei aber sicher jene von Gianni Vattimo mit Verve vertretene Revitalisierung des Christentums, die bei ihm um den zentralen Gedanken der kénosis Gottes kreist: „Die Menschwerdung, d.h. Herablassung

---

[47] Cf. GOTTFRIED BACHL, *Der schwierige Jesus*, Innsbruck [2]1996, 85.
[48] ALFRED DELP, *Allen Dingen gewachsen sein*, Jahres-Lesebuch, ed. FRANZ B. SCHULTE, Frankfurt/M., 2005, 391s.

Gottes auf die Ebene des Menschen, das, was das Neue Testament die *kénosis* Gottes (Phil 2,7) nennt, ist dann als Zeichen zu interpretieren, dass der nicht-gewaltsame und nicht-absolute Gott der postmetaphysischen Epoche dadurch gekennzeichnet ist, zur selben Schwächung, von der die von Heidegger inspirierte Philosophie spricht, bestimmt zu sein."[49] Vattimo legt damit eine Art der „schwachen" Gottesrede nach dem „Tode Gottes" vor, die bewusst abrückt von jenen allzu starken, in den Abgründen der Katastrophen des 20. Jh. stumpf und stumm gewordenen Begriffen. Sie findet ihr Fundament allein in der „Bewegung Gottes hin zur Niedrigkeit des Nicht-Göttlichen"[50]. Diese Bewegung der Liebe bildet indes immer schon den eigentlichen, inneren Glutkern aller Christologie.

---

[49] GIANNI VATTIMO, *Glauben – Philosophieren*, Stuttgart 1997, 34.
[50] Cf. dazu KARLHEINZ RUHSTORFER, *Christologie*, Paderborn 2008, 29.

DIE BEDEUTUNG DES HISTORISCHEN JESUS AUS SYSTEMATISCH-THEOLOGISCHER SICHT

Von Notger Slenczka

„Sind exegetische Erkenntnisse für die Rekonstruktion Jesu also reflexionsbedürftig und manchmal sogar bedenklich, insofern sie aus methodischen Gründen an den Erfordernissen der theologischen Rückfrage nach Jesus vorbei gehen? Oder greift umgekehrt die systematische Theologie eventuell deshalb nur eingeschränkt auf Ergebnisse der historischen Exegese zurück, weil sie Bedenken trägt, diese im Rahmen der Christologie zu verarbeiten? Ist der ‚historische' Jesus bedeutungsarm für die christliche Theologie?"[1]

Ich halte sehr viel von Konfrontationen und bin überzeugt von der förderlichen Wirkung von offen thematisierten Konflikten, daher nehme ich die in der Tagungsankündigung gestellte Frage, die ja in diesen Sätzen hauptsächlich als eine kritische Rückfrage an die systematische Theologie ausgelegt ist, mit entschiedener Rauflust auf. Zunächst einmal mit dem Ziel einer Ehrenrettung der Systematischen Zunft, und hier insbesondere der Teildisziplin der Dogmatik, die zu vertreten ich mich mitnichten geniere: Da ich die Veranstalter kenne, lebe ich in der Zuversicht, dass im Hintergrund der zitierten Sätze nicht die Vorstellung steht, dass ein verbohrter Dogmatiker in seinem langsam vor sich hinmodernden gedanklichen Renaissance- oder Barockschloss sitzt, die Türen und Fenster gegen das Licht der historischen Aufklärung verrammelt und jeden neutestamentlichen Besucher mit der Bitte verschreckt, er – der Besucher – solle bloß ja keine Vorschläge zum Umbau machen, es hänge alles mit allem zusammen, und ein falscher Griff könne das Ganze zum Einsturz bringen. Das wäre ein Bild der Dogmatik, das jedenfalls für die protestantische Theologie nicht einmal mehr vorgestrig ist. Der Eindruck mancher (keiner der hier

[1] Aus der Einladung zur Tagung „Die Konfession Jesu".

anwesenden) Exegeten, dass Dogmatiker sich der exegetischen Erkenntnisse nicht in wünschenswertem Umfang bedienen, muss nicht nur daran liegen, dass die Dogmatiker dogmatische Bedenkenträger sind, wie es in dem zitierten Text immerhin zweimal heißt, sondern kann auch daran liegen, dass diejenigen Exegeten, die von Dogmatikern im Blick auf deren Rezeption historischer Forschungsergebnisse enttäuscht sind, auf die Geschichte der eigenen Disziplin hingewiesen werden müssen. Denn im Verlauf dieser Geschichte der Exegese wurden die Gründe mehrfach und immer wieder formuliert, die es unmöglich machen, eine Christologie – wie auch immer – einfachhin auf die Ergebnisse einer historischen Rückfrage nach der „Konfession Jesu" zu gründen.[2] Vielleicht haben Dogmatiker einfach das bessere Gedächtnis.

Ich stelle sechs Thesen vor und erläutere bzw. begründe sie in der gebotenen Kürze, ich entschuldige mich dabei für die Banalität zumindest der ersten beiden Thesen.

These 1: **Der Ausgangspunkt und der historische Anlass der Frage nach dem historischen Jesus oder nach der „Konfession Jesu" ist ursprünglich das Bemühen des Glaubens, zur Gewissheit zu gelangen.**

Diese These ist in der Tat banal. Die Frage nach dem historischen Jesus ist ursprünglich orientiert am klassischen, reformatorischen Modell des vergewissernden Rückgangs von

[2] Ich verweise hier nur auf folgende sehr unterschiedliche Texte, die die Komplexität des hermeneutischen Umgangs mit den neutestamentlichen Texten und des Verhältnisses von Dogmatik und Exegese explizit oder implizit thematisieren: ERNST KÄSEMANN, Das Problem des historischen Jesus, in: id., *Exegetische Versuche und Besinnungen*, Göttingen [3]1964, 187-214; RUDOLF BULTMANN, Das Verhältnis der urchristlichen Christusbotschaft zum historischen Jesus, in: id., *Exegetica*, Tübingen 1967, 445-469; HERBERT BRAUN, Der Sinn der neutestamentlichen Christologie, *ZThK 54* (1957) 341-377; HANS WEDER, Exegese und Dogmatik, in: id., *Einblicke ins Evangelium*, Göttingen 1992, 109-136; *id.*, Zum Problem einer „christlichen Exegese", ib. 9-30; GEORG STRECKER, Die historische und theologische Problematik der Jesusfrage, in: id., *Eschaton und Historie*, Göttingen 1979, 159-182 – cf. dort den Rekurs auf die auch m.E. immer noch unüberholte, nun freilich eher der Dogmatik zuzurechnenden Abhandlung von MARTIN KÄHLER, *Der sogenannte historische Jesus und der geschichtliche, biblische Christus*, ed. ERNST WOLF, München 1953.

menschlichen Traditionen auf die Schrift, die von den Reformatoren und den nachreformatorischen Theologen als die von Trübungen reine Quelle des göttlichen Wortes apostrophiert wird.[3] Die Einsicht, dass man es auch in der ehrwürdigen Tradition der christologischen Dogmen nicht mit unfehlbaren Wirkungen des Heiligen Geistes, sondern mit Menschenwerk zu tun hat, motiviert zunächst die Reformatoren zum Rückgang auf die Schrift; diese wird erst als Beglaubigung, dann als Kritik auch der altkirchlichen Konzilsentscheidungen gelesen.[4] Die bereits bei Petrus Abaelard, aber auch bei Luther aufbrechende Einsicht wiederum, dass die Grenze zwischen Gotteswort und fehlsamem Menschenwort nicht mit der Grenze des Kanons identisch ist, dass also auch die Schrift Texte aus irrtumsfähiger menschlicher Feder beistellt,[5] weckt im 19. Jh. bei einigen Theologen die Hoffnung, mit dem methodisch historischen Rückgang auf die Evangelien und die von den Interessen der Jünger freie Verkündigung Jesu bei den Ursprüngen zu sein.[6] Die zunächst quantitativ beantwortete Frage nach ursprünglich jesuanischen Worten sollte es erlauben, das religiösen Interessen Entspringende von dem zu unterscheiden, was jedem Interesse vorgegeben und damit normativ ist. Dieser Rückgang auf die ursprüngliche Botschaft Jesu verknüpfte sich zudem bei den meisten Theologen – historischen wie systematischen – mit der Erwartung, bei Jesus selbst auf eine Botschaft zu stoßen, die bei den Zeitgenossen unmittelbare Evidenzerfahrungen auslösen würde, die man von den Konstruktionen der dogmatischen Tradition oder auch von der Rechtfertigungstheologie des Paulus

[3] Im Folgenden biete ich immer nur exemplarische Belege – hier: FC.SD Vom summarischen Begriff, BSLK 834,16-22; Confessio Helvetica Posterior Art. I (ERNST FRIEDRICH KARL MÜLLER, *Die Bekenntnisschriften der reformierten Kirche*, Leipzig 1903, 170s.)

[4] Cf. etwa MARTIN LUTHER, *Von den Konziliis und Kirchen* [1539], WA 50, 52412-526,10 u.ö.

[5] PETRUS ABAELARD, *Sic et Non*, ed. ERNST LUDWIG THEODOR HENKE u.a., Marburg 1851, hier bes. die hermeneutische Grundlegung im Prologus: 1-17, bes. 3-5; MARTIN LUTHER, *Thesen für die Promotionsdisputation von Hieronymus Weller und Nikolaus Medler* [1535], WA 39/1, 40-59, hier aus den Thesen De fide Th. 49-57, cf. allerdings 58-62!

[6] So etwa noch JOACHIM JEREMIAS, *Abba*, Göttingen 1966, der der Meinung ist, dass er dann beim Wahrheitsgrund des christlichen Glaubens ist, wenn er bei der ipsissima vox Christi ist.

nicht mehr erwartete – das „Wesen des Christentums" Harnacks ist ein Beispiel für diese Hoffnung.[7]

These 2: **Alle Erinnerungen an den historischen Jesus, das heißt: an das Leben, das Jesus von Nazareth zwischen Geburt und Tod am Kreuz geführt hat, sind keine Protokolle von interessefreien Archivaren, sondern Erinnerungen von Personen, die – wie auch immer – diesem Menschen und seinem Leben eine heilsgeschichtliche Bedeutung zuschreiben.**

Diese These fasst das Ergebnis dieses hoffnungsvollen Rückgangs von der Dogmatik auf die scheinbar von menschlichen Deutungen freie Geschichte zusammen.[8] Das Ergebnis war einerseits eine Einsicht in die Komplexität historischen Verstehens – darauf komme ich noch; andererseits war das Ergebnis der historischen Rückfrage nach Jesu Leben eine damit verwandte Einsicht in den Charakter der im Neuen Testament zusammengestellten Dokumente: Wir haben es in den Evangelien nicht weniger als in den Paulusbriefen und nicht weniger als in älteren oder rezenten dogmatischen Texten mit *Christologien* zu tun. Auch diese Feststellung ist so banal, dass sie schon peinlich ist. Sie sollte unstrittig sein. Sie besagt: Wir haben es mit Texten zu tun, deren Verfasser darum von Jesus von Nazareth berichten, weil sie ihn als Menschensohn, als Messias, als Davidsohn oder als Gottessohn erfahren haben und darum so prädizieren. Was immer diese Prädikate im einzelnen sagen: Sie besagen jeweils auf ihre Weise, dass die Verfasser und Tradenten der Texte überzeugt sind, dass sie es nicht einfach mit einem am Kreuz scheiternden Menschen, mehr noch: dass sie es mit mehr als einem Menschen zu tun haben. Die Verfasser setzen als Subjekt des Lebensvollzugs Jesu diesen Titelträger voraus. Darum berichten die Texte von der – den meisten Zeitgenos-

---

[7] Cf. ADOLF VON HARNACK, *Das Wesen des Christentums*, ed. CLAUS-DIETER OSTHÖVENER, Tübingen 2005, 15-30, bes. 17s. 37. Dazu ALBERT SCHWEITZER, *Geschichte der Leben-Jesu-Forschung*, Tübingen [5]1933, 631s.

[8] Ich halte das oben (Anm. 2) genannte Werk von Kähler – neben der „Schlußbetrachtung" Schweitzer, Geschichte (wie Anm. 7) 631-642 – für die gelungene und noch unabgegoltene Zusammenfassung dieser Fragestellung. Cf. zur Geschichte der Leben-Jesu-Forschung auch: REINHARD SLENCZKA, *Geschichtlichkeit und Personsein Jesu Christi*, Göttingen 1967, 25-175.

sen verborgenen – Hoheit Jesu schon zu seinen Lebzeiten, die sich in seiner vollmächtigen Lehre, in seinen Wundertaten, in seiner Verklärung andeutet und in der Erfüllung alttestamentlicher Verheißungen, nicht zuletzt in seiner Auferstehung verifiziert ist – ich spreche aus der Perspektive dieser Texte. Die Verfasser der Texte lesen die Erinnerung an Jesus als Erinnerung an den Hoheitsträger, weil sie ihn in je ihrer Gegenwart als den auferstandenen Heiland erfahren haben. Insofern sind die Texte einerseits Produkt und Zeugnis des Osterglaubens; und sie werden andererseits tradiert, um diesen Glauben zu wecken. Die Texte – alle Texte der Evangelien – sind, wie Paulus sagt, ἐκ πίστεως εἰς πίστιν – ihr Ursprung ist der Glaube, und ihr Zweck ist es, Glauben zu wecken.

Diese These über den Charakter der neutestamentlichen Texte ist die basalste Einsicht der kritischen Exegese, die den neuzeitlichen Dogmatikern mitnichten verborgen geblieben ist; vielmehr haben Dogmatiker sie entschieden vertreten – ich verweise auf Friedrich Schleiermacher, auf den großartigen und von mir zutiefst verehrten David Friedrich Strauß, auf Albrecht Ritschl, auf Wilhelm Herrmann ebenso wie auf den häufig als Antipoden gehandelten Martin Kähler; unter den Exegeten: natürlich Rudolf Bultmann, Herbert Braun und die meisten anderen Vertreter der Bultmann-Schule.

Das heißt: Der jedem Dogmatiker aufgegebene Rückgang von theologie- oder dogmengeschichtlichen christologischen Bestimmungen auf die Evangelien führt selbstverständlich nicht zu den Einsichten, auf die sich ein gegenwärtiges Urteil über Jesus von Nazareth beziehen könnte wie auf positive historische Fakten, die jeder Deutung voraus- und zugrundeliegen. Vielmehr bieten die Evangelien eine *Deutung* des Lebens Jesu, deren Ausgangspunkt eben auch nicht die soweit wie überhaupt möglich interessefreie Wahrnehmung von Fakten ist, sondern die Jesus von Nazareth als Heil und Sinn der Welt verkündigt und daraufhin seine Person und sein Leben thematisiert.

Hinzu kommt die hermeneutische, maßgeblich von Albert Schweitzer formulierte Einsicht,[9] dass auch die scheinbar historische Rückfrage nach dem Leben Jesu nicht frei von kontextuellen Vorverständnissen ist, sondern lediglich blind gegen deren Wirken – darauf komme ich noch.

---

[9] Wie oben, Anm. 8.

Diese Einsichten bedeuten, dass die Hoffnung, mittels historischer Forschung auf die „Sache selbst" zu stoßen, die allen Deutungen zugrunde liegt, täuscht. Die Texte geben das nicht her. Die neutestamentlichen Dokumente sind so geartet, dass man auf ihrer Basis wohl eine Theologiegeschichte der Urchristenheit schreiben kann, nicht aber eine Lebensgeschichte Jesu, die über Basisfakten – dass er irgendwo geboren wurde, in Galiläa lebte, Jünger sammelte und Ende der 20er Jahre des 1. Jahrhunderts in Jerusalem am Kreuz starb – hinausginge. Wir erfahren nichts Belastbares über seine religiöse Weltanschauung, und wir bekommen sein Selbstverständnis nicht zu fassen. Und das bedeutet eben: Es ist begründungsbedürftig, wenn man sich angesichts dieses Ergebnisses historischer Arbeit nun doch noch einmal auf die Lebensgeschichte Jesu besinnt.

Damit bin ich bei der dritten These:
These 3: **Die sog. „neue" Frage nach dem historischen Jesus – die These, dass diese Rückfrage unverzichtbar sei – geht nicht etwa von einer Notwendigkeit historischer Arbeit aus, sondern ergibt sich den fragenden Exegeten aus *dogmatischen Voraussetzungen.***

Bevor mich jemand fragt: Ich weiß, dass es eine „third quest" nach dem historischen Jesus gibt,[10] die aber nur eine Variante der hier behandelten Fragestellung – der „neuen Frage nach dem historischen Jesus" – ist.[11] Diese sog. „neue Frage nach dem historischen Jesus" bestreitet die skizzierte Eigentümlichkeit der in den Evangelien versammelten Texte nicht, sondern setzt sie voraus; Käsemann, dessen berühmter Aufsatz diese Frage geprägt hat, weist nun aber darauf hin, dass zwar alle Evangelisten, insbesondere Johannes, die irdische Lebensgeschichte Jesu von der Auferstehungserfahrung her als Geschichte lesen, deren Subjekt der ihnen gegenwärtige Herr ist; auf der anderen Seite lösen sie aber die mit der Auferstehung Jesu von Nazareth ver-

[10] Cf. nur: GERBERN S. OEGEMA, Der historische Jesus und das Judentum, in: ULRICH H.J. KÖRTNER (ed.), *Jesus im 21. Jahrhundert,* Neukirchen 2001, 63-90; GERD THEISSEN U.A. (ed.), *Der historische Jesus,* Göttingen ^{3}2001, hier bes. §1: Die Geschichte der Leben-Jesu-Forschung, 21-30; JENS SCHRÖTER U.A. (ed.), *Der historische Jesus,* Berlin – New York 2002.
[11] Cf. die in Anm. 2 genannten Beiträge von Ernst Käsemann sowie die dort genannte Antwort von Rudolf Bultmann sowie Herbert Braun.

bundene Offenbarung und die daran geknüpfte Bedeutsamkeit Jesu als des Gottessohnes nicht ab von jener Lebensgeschichte des Irdischen, sondern tradieren sie in Gestalt und unter Einschluss seiner Lebensgeschichte. Die Texte erheben damit den Anspruch, dass eine Kontinuität besteht zwischen dem irdischen und dem der Gemeinde gegenwärtigen Herrn der Welt; und Käsemann identifiziert als Motiv im Hintergrund:

„Sie wollen … das extra nos des Heiles als Vorgegebenheit des Glaubens herausstellen. Das Festhalten an der Historie ist eine Weise, in welcher das extra nos des Heiles seinen Ausdruck findet.“[12]

„Sie“ – das sind die Evangelisten bzw. die urchristlichen Gemeinden, die eben nicht die in der Ostererfahrung erschlossene existentielle Bedeutsamkeit Jesu von seinem Lebensvollzug ablösen und als allgemeine und allgemeingültige Wahrheit verkündigen, sondern sie mit der Erinnerung an seine Lebensgeschichte verbinden und damit eben die Behauptung aufstellen, dass das Heil der Welt keine jeweils in der Gegenwart am Ort der frommen Subjektivität sich realisierende Idee sei, sondern für alle Zeiten gültig einmal in der Geschichte realisiert sei. Der bei Bultmann und in der Existentialtheologie vollzogene Verzicht auf die Rückfrage nach dem historischen Jesus breche mit der antidoketischen Grundentscheidung des Neuen Testamentes, nach der die Offenbarung nicht am Ort der jeweiligen Gegenwart, sondern im Fleisch und damit ein für allemal in der Kontingenz eines geschichtlichen Ortes erfolgte.

Es ist also mitnichten das Ethos wissenschaftlicher Forschung, das aus dogmatischen Verkrustungen herausruft und zur erneuten Rückfrage nach dem historischen Jesus führt; vielmehr sind es dogmatische Motive, die dogmengeschichtliche Entscheidung gegen den Doketismus, durch die sich Käsemann und andere Exegeten dazu genötigt sehen, trotz der exegetischen Einsicht, dass die Texte für eine Biographie Jesu nichts Belastbares hergeben, nach dem irdischen Jesus zu fragen: Die Verkündigung des Auferstandenen als des Herrn kann – und zwar aus dogmatischen Motiven! – nicht gleichgültig sein gegenüber der Behauptung, es bestehe ein Verhältnis der Diskontinuität zwischen dem irdischen Lebensvollzug und Selbstverständnis

[12] Ernst Käsemann, Problem (Anm. 2) 202.

Jesu und der Christusverkündigung der Gemeinde. Dabei ist es eben – darauf kommt es Käsemann an – einerseits nicht möglich, die dem Glauben erschlossene soteriologische Bedeutsamkeit Jesu einer Betrachtung seines irdischen Lebensvollzuges zu entnehmen und daraus zu erheben; auf der anderen Seite ist es aber auch nicht möglich, die soteriologische Bedeutsamkeit von der Rückfrage nach dem Lebensvollzug Jesu zwischen Geburt und Grab zu lösen.

Damit ist eben die Problematik beschrieben, die der mit dieser Tagung angesprochenen Fragestellung zugrundeliegt: Auf der einen Seite hat der christliche Glaube mit einem historischen und historischer Forschung zugänglichen Geschehen zu tun, im Zentrum dem Lebensvollzug Jesu von Nazareth. Das ist zunächst einmal ein Weg zum Kreuz und eine Geschichte des Scheiterns – sei es einer schönen Seele oder eines überspannten religiösen und/oder politischen Anspruchs. Auf der anderen Seite hat der christliche Glaube damit zu tun, dass dieses Geschehen unter dem Anspruch tradiert wird, dass es nicht nur Vergangenheit ist, sondern dass das Subjekt dieser Menschengeschichte zur Rechten Gottes sitzt, die Welt regiert und in der Gemeinde gegenwärtig ist und heilsam erfahren wird. Das missing link zwischen beidem ist die ominöse Osterfahrung, die als Erscheinung des Auferstandenen gedeutet wird. Daher wird die Frage nach der Kontinuität zwischen irdischem Lebensvollzug und der Verkündigung der Gemeinde in den Auseinandersetzungen innerhalb der Bultmannschule transformiert in die Frage nach der Kontinuität zwischen dem historischen Lebensvollzug Jesu und dem auferstandenen Herrn.[13] Die hermeneutische Frage ist in dieser Weise darum sinnvoll gestellt, weil so das Dilemma begreiflich wird, vor das die biblischen Texte stellen, die recht unbekümmert – in ihren Erinnerungen an den historischen Lebensvollzug Jesu – als dessen Subjekt den Auferstandenen voraussetzen; und die umgekehrt die nachösterliche Erfahrung der Gegenwart des Auferstandenen und Erhöhten als Erfahrung der Gegenwart des irdischen Jesus von Nazareth kennzeichnen. Und dieses Verhältnis ver-

---

[13] Etwa ERNST KÄSEMANN, Problem (Anm. 2), 203; RUDOLF BULTMANN, Verhältnis (Anm. 2) 445-449, bes. 449 unten. Cf. die Folgediskussion beispielsweise in der Dokumentation: HELMUT RISTOW U.A. (ed.), *Der historische Jesus und der kerygmatische Christus,* Berlin 1961.

bindet sich in der neueren Diskussion mit der Vermutung, dass die Rückbindung an das historische „Einmal“ den christlichen Glauben vor der Gefahr bewahrt, die Subjektivität individueller oder kollektiver, jedenfalls aber limitierter Erfahrung durch unkritische Eintragung in das historische Material zu verabsolutieren. Die Erinnerung an den historischen Abstand steht für die Erinnerung an die Unbeliebigkeit der Deutungsperspektiven, die sich am Vorgegebenen zu bewähren hat.

„… gerade das Verfahren, das die historische Quelle […] in ihrem Abstand von der Gegenwart kritisch […] durchsichtig macht und damit zugleich die Vorurteile des Auslegers selbst kritisch zurechtrückt und ihm die eigene historische Bedingtheit seines Vorverständnisses durchsichtig macht, [schafft] die notwendige Voraussetzung für die Reinheit der Begegnung mit dem Text […] Dann hört die transformierende Interpretation des Geschichtlichen zur eigenen Existenzerhellung auf, eine willkürliche, naive Eintragung in die Quelle zu sein, vielmehr kann es nun zu einer echt geschichtlichen, personalen Begegnung und Auseinandersetzung kommen […]“[14]

These 4: **Der Versuch, das historische Leben Jesu abgesehen von der Deutung durch die Gemeinde zu erfassen, führt zu keinem eindeutigen Ergebnis, sondern in die Situation der Strittigkeit, die nach dem Zeugnis der Evangelien seinen Lebensvollzug kennzeichnete.**

Was die Berichte vom Leben Jesu jedenfalls zu erkennen geben, ist dies: dass die Bedeutung dieser Person während ihres Lebens äußerst umstritten war und sich die Auseinandersetzung um ihn nach seinem Tod fortgesetzt hat. Der Streit um Jesus von Nazareth vollzieht sich in einer Vielfalt von Deutungen seiner Person, die in den Evangelien mehr oder weniger gut erkennbar ist. Er wird verstanden als einer der im zeitgenössischen Judentum erwarteten Heilsbringer (Mk 8,27f.), als politischer Aufrührer in seinem Prozess (Mk 14) oder – von seinen Jüngern – als der orientierende Pol ihres gesamten Lebens, indem sie alles aufgaben und ihm nachfolgten. Es ist überhaupt nicht

[14] GERHARD EBELING, Die Bedeutung der historisch-kritischen Methode für die protestantische Theologie und Kirche, in: id. *Wort und Glaube,* Tübingen 1960, 1-49, 36.

nötig, die Frage zu stellen, ob irgendwelche und wenn ja: welche Titel Jesu auf die vorösterliche Situation oder gar auf einen von Jesus selbst erhobenen Anspruch zurückzuführen sind; entscheidend ist die Vieldeutigkeit seines Wirkens und seines Auftretens, die zutreffende historische Erinnerung sein dürfte.

Die Verkündigung der Kirche, die in den Evangelien fassbar ist, nimmt Stellung in diesem Streit um die Identität Jesu, eine Stellungnahme, die die Kirche selbst auf die Erscheinungen des Auferstandenen zurückführt: Sie sind der Anlass, Jesus von Nazareth als das Zentrum der gesamten Geschichte Gottes mit der Menschheit zu beschreiben. Die Evangelienberichte spiegeln diese Stellungnahme ebenso wider wie die Strittigkeit derselben, das heißt: Die Verfasser der Evangelien sind sich dessen bewusst, dass die Einsicht in die Hoheit Jesu sich nicht einfach mit dem Blick auf den Lebensvollzug Jesu einstellt. Vielmehr setzen alle neutestamentlichen Schriften – angesichts des Unglaubens der Mehrheit ihrer Zeitgenossen unvermeidlich – voraus, dass die Einsicht in die Hoheit Jesu unselbstverständlich ist; freilich führen sie diesen Unglauben nicht auf das Kontrafaktische ihrer Aussagen, sondern auf die Wirkung einer Verstockung Gottes zurück.

Ein Rückgriff auf den historischen Jesus kann somit diese Stellungnahme der Kirche nicht legitimieren oder mit höherer Wahrscheinlichkeit ausstatten. Sondern ein Rückgriff auf den historischen Jesus, abgesehen von der kirchlichen Deutung seiner Person, führt mit Notwendigkeit in die vorösterliche Situation der Strittigkeit seiner Identität. Daher ist es mitnichten erstaunlich, wenn die im 19. und 20. Jahrhundert unternommenen Versuche einer Rekonstruktion des Lebens und des Selbstverständnisses Jesu zu einer Vielstimmigkeit exegetischer Ergebnisse führt. Das liegt nicht nur daran, wie Schweitzer in seiner berühmten Schlussbetrachtung zur Geschichte der Leben-Jesu-Forschung meinte, dass die Person Jesu immer zum Spiegel der Perspektive des Deutenden wird,[15] sondern eben auch daran, dass es auf der Ebene der historischen Texte Eindeutigkeit nicht gibt, sondern sie, soweit sie überhaupt in die vorösterliche Situation zurückzugehen erlauben, nichts anderes als den „Streit um die Person Jesu" widerspiegeln.

---

[15] ALBERT SCHWEITZER, Geschichte (Anm. 8) 631.

These 5. **Die Schwierigkeit „der“ praktischen und systematischen Theologie mit den Ergebnissen der historischen Rückfrage nach dem Leben des Jesus von Nazareth stammt nicht daher, dass diese Ergebnisse aufgrund dogmatischer Bedenken nicht zur Kenntnis genommen würden, sondern daher, dass man „die Schrift“ nur dann „ernst nimmt“, wenn man berücksichtigt, dass sie nur zum geringsten Teil Informationen über Jesus von Nazareth transportiert und transportieren will. Vielmehr stehen neben den Evangelien die (Paulus-)Briefe, in denen sich der Prozess der Wandlung des menschlichen Selbstverständnisses aufgrund der Botschaft vom Gekreuzigten als dem Auferstandenen manifestiert.**

Es ist das Besondere des Neuen Testaments, dass in ihm nicht nur und zum Wenigsten Texte überliefert sind, die als Bericht vom Leben Jesu sich verstehen oder verstanden wissen wollen. Vielmehr bietet das NT daneben Texte, die Ausdruck des menschlichen Selbstverständnisses sind, das sich in der Begegnung nicht unmittelbar mit der Person, sondern mit der Verkündigung von Jesus von Nazareth einstellt. Gemeint sind damit zunächst die Paulusbriefe, dann die Johannesbriefe – ich konzentriere mich auf die Paulusbriefe. Es geht in diesen Texten nicht einfach darum, dass die in den Evangelien dargestellte Person Jesu dogmatisch erschlossen wird und mit mehr oder weniger zweifelhaften Würdeprädikaten umstellt wird. Vielmehr redet Paulus in seinen Briefen, insbesondere in den beiden Korintherbriefen und im Philipperbrief, trotz 1 Kor 2,2, überwiegend von sich selbst. Er stellt nämlich dar, dass und wie er die eigene Existenz von der Person und vom Geschick Jesu von Nazareth her versteht und neu versteht. In diesen Briefen kommt zur Darstellung, was es heißt, „in Christus“ zu sein, oder anders: dass Christus „ἐν ἐμοί“ lebt. Was meine ich damit? Die Briefe des Paulus durchzieht eine eigentümliche Korrespondenz der eigenen Erfahrung des Paulus einerseits und des auf das Kreuzesgeschehen konzentrierten irdischen Lebensvollzugs Jesu andererseits. Ich erinnere nur an die beiden Korintherbriefe, in denen es um die Frage geht, ob der Anspruch des Paulus, Apostel Jesu Christi zu sein, nicht durch die Kläglichkeit seiner Existenz falsifiziert ist (cf. 2 Kor 10-12). Paulus deutet in diesen Korintherbriefen das eigene Leben, seine Krankheiten und seine Verfolgung als Darstellung und Manifestation der Niedrigkeit und des Kreuzes Christi bis hin zur Ununterscheidbarkeit des

Leidens des Apostels und des Leidens Christi (ich trage allezeit das Leiden Christi an meinem Leibe; 2 Kor 4,10) – gerade des Apostels Niedrigkeit weist ihn als Apostel Jesu Christi aus (2 Kor 11,16-12,10); er identifiziert hier und im Galaterbrief das fremde Leben Christi mit seinem eigenen (Christus lebt in mir; Gal 2,19). Dieser Vorgang ist nicht auf die apostolische Existenz beschränkt, sondern Paulus führt die Empfänger seiner Briefe in diese Selbstdeutung ein; ich denke hier an Röm 8,17 und vor allem Röm 6, wo er die römischen Christen dazu anleitet, sich und den eigenen Lebensvollzug von jenem auf das Kreuz und das Leiden konzentrierten Lebensvollzug Jesu von Nazareth her zu verstehen: Aufgrund der Taufe sollen sie *sich verstehen* als solche, die wie Christus gestorben sind für die Sünde und leben für Gott (Röm 6,11). Dieses neue Selbstverständnis leitet auch das wechselseitige Urteil der Christen übereinander und soll das Verhältnis der Korinther zu Paulus leiten: Weil alle gestorben sind in Christus, so sagt er in 2 Kor 5,14f., und weil sie eine neue Kreatur sind in Christus (2 Kor 5,16f.), sollen sie dem Selbsturteil des Paulus zustimmen und ihn nicht „κατὰ σάρκα" beurteilen, sondern nach dieser neuen Kreatur, die er in Christus ist (2 Kor 5,16). Und die Christen in Philippi werden dazu aufgefordert, eine Gemeinschaft zu bilden, in der alle einander dienen – mit der Begründung, dass Christus sich erniedrigt hat bis zum Tod am Kreuz (Phil 2,5ff.).

Die paulinischen Briefe dokumentieren den Vorgang einer Selbstdeutung, der dem Umgang mit den Erinnerungen an den historischen Lebensvollzug Jesu in den Evangelien genau korrespondiert: Wie dort der scheiternde Lebensvollzug Jesu – insbesondere bei Johannes – als die verborgene Geschichte der Macht des Sohnes gedeutet wird, so deutet Paulus seine eigene Lebensgeschichte als Vergegenwärtigung eben dieser „Macht im Scheitern" bzw. der „Kraft, die in den Schwachen mächtig ist" (2 Kor 12,9); er deutet sein gesamtes Leben auf eine durch die Begegnung mit dem Auferstandenen ausgelöste Umwertung hin, in der das bislang Wertvolle sich als Müll erwies (Phil 3, 7-11) und die Niedrigkeit als wertvoll verständlich wurde (cf. 1 Kor 1-3).

Paulus selbst führt diese Einsicht darauf zurück, dass ihm der Gekreuzigte als der Auferstandene – möglicherweise auf dem Weg nach Damaskus – erschienen sei. Diese besondere Begegnung mit dem Auferstandenen ist allerdings für Paulus nicht konstitutiv, sondern ihm geht es (Gal 1,11f.) um die Beauftragung mit der Verkündigung, die anderen dasselbe Licht aufgehen lässt, das er in der Damaskuserfahrung gesehen hat – der zentrale Text dafür ist 2 Kor 4,6:

„Gott, der da hieß das Licht aus der Finsternis hervorleuchten, der hat einen hellen Schein in unsere Herzen gegeben, auf dass durch uns entstünde die Erleuchtung zur Erkenntnis der Herrlichkeit Gottes im Angesicht Jesu Christi." (2 Kor 4,6)

In gewisser Weise ist das Damaskuserlebnis, auf das Paulus hier mit der Wendung „der hat einen hellen Schein in unsere Herzen gegeben" anspielt, ein wiederholbares Ereignis, eine Erleuchtung, die nicht Paulus vorbehalten ist, sondern die durch das Wirken – die Verkündigung – des Apostels in anderen entsteht. Das Äquivalent des Damaskusereignisses stellt sich dort ein, wo die Verkündigung des Gekreuzigten als des Auferstandenen – der Herrlichkeit Gottes im Angesicht Jesu Christi – zum Ursprung eines neuen Selbstverständnisses wird, indem der Angesprochene in der Einheit von Schwäche und Kraft sich und sein Leben wiedererkennt.

Genau dies ist die mit der Wendung „Ostererfahrung" oder die „Erscheinung des Auferstandenen" zusammengefasste Erfahrung: Das Einleuchten der Verkündigung von ihm im Entstehen eines neuen Selbstverständnisses, in dem die Schwäche als Ort der Gegenwart Gottes erfahren wird. Nicht in der ausweisbaren Kontinuität der Verkündigung des Auferstandenen zum Lebensvollzug und vielleicht zum Selbstverständnis Jesu verifiziert sich die Verkündigung der Kirche, sondern darin, dass über der Aussage, dass ausgerechnet der Gekreuzigte der Auferstandene ist, dem Menschen ein Licht über sich selbst aufgeht, so dass er die eigene Existenz als Manifestation des Kreuzes erkennt und als getragen vom Auferstehungsleben neu versteht.

Warum erzähle ich das? Um der abschließenden These willen:

These 6: **Im Zusammenspiel der neutestamentlichen Texte wird deutlich, worin das Interesse am irdischen Lebensvollzug Jesu liegt – nämlich nicht (nur) an einem antidoketischen „ein-für-allemal", sondern an der Selbstdeutungsvollzüge eröffnenden Erschließungskraft eines Lebensvollzuges, der in seiner Niedrigkeit „an Gebärden wie ein Mensch erfunden" ist, von dem aber kontrafaktisch anderes als dies auszusagen ist.**

Vom Leben Jesu und von dem Wenigen, was davon historisch feststellbar ist, führt kein Weg zur kirchlichen Christologie. Die kirchliche Christologie ist nicht darum am irdischen Lebensweg Jesu interessiert, weil und unter der Bedingung dass dieser irdische Lebensweg sich irgendwie auf die großen Formeln und Hoheitstitel hin erschließen lässt, die die Urgemeinde ihm anheftet; vielmehr ist die kirchliche Christologie an diesem Lebensweg interessiert, weil er exemplarisch ist – nicht in dem Sinne, dass er zur Nachahmung einlädt, sondern in dem Sinne, dass er dazu anleitet, in diesem Lebensweg sich selbst zu erkennen und sich von der Botschaft her, dass der Gekreuzigte auferstanden ist, selbst neu zu verstehen.

Das Besondere am Neuen Testament liegt nicht darin, dass es in den Evangelien vom Lebensweg Jesu erzählt, und auch nicht einfach darin, dass es das Subjekt dieses Lebensweges mit Hoheitsprädikaten überhäuft. Das Besondere an den neutestamentlichen Dokumenten liegt vielmehr darin, dass sie zu erkennen geben, worin die Kontinuität zwischen dem irdischen Lebensweg und dem Hoheitssubjekt liegt, nämlich nicht in einem historisch feststellbaren Anspruch des irdischen Jesus, sondern darin, dass das kontrafaktische Gegeneinander von Niedrigkeit und Hoheit in der kirchlichen Verkündigung einen Wiedererkennungseffekt und eine Neubestimmung des Selbstverständnisses in einem kontingenten Menschen, nämlich in Paulus, auslöst, die in seinen Briefen greifbar wird. Die Einsicht, dass der Irdische der Auferstandene ist, entspringt der unverfügbaren Evidenz des Selbstdeutungsangebotes, das im Lebensweg Jesu liegt. Die später – also zeitlich nach den Korintherbriefen – entworfene Rechtfertigungstheologie des Paulus entfaltet die Person Jesu von Nazareth und ihr Kreuz als Erschließung der Problematik der condition humaine und als Angebot des deutenden Umganges mit dieser Problematik.[16]

[16] Das müsste man im Einzelnen zeigen; das ist hier nicht möglich. Ich verweise auf einen Text, in dem ich das zu unternehmen versucht habe: NOTGER SLENCZKA, Entzweiung und Versöhnung. Das Phänomen des Gewissens und der Erlösung in Shakespeares „King Richard III." als Hintergrund eines Verständnisses der „imputativen Rechtfertigung" bei Luther, in: *KuD 50* (2004) 289-319. Cf. auch: ID., Problemgeschichte der Christologie, in: KONRAD STOCK U.A. (ed.), *Christologie* (MJTh XXIII), Leipzig 2011.

Wo dem Menschen daraufhin ein Licht aufgeht über sich selbst, da ist er, wie Paulus sagt, „in Christus" und „Christus in ihm". Genau diese Einsicht ist die Gegenwart Christi, die in der Rede von der Auferstehung angesagt wird. Auf diesen Vorgang der Begründung der eigenen Existenz und auf nichts anderes verweist die Feststellung, dass „dieser wahrhaftig Gottes Sohn gewesen" ist (Mk 15,39).

Zusammenfassend: **Das Interesse am historischen Jesus verdankt sich keinem eigentümlichen und letztlich abstrakten antidoketischen Motiv; es verdankt sich auch nicht der Hoffnung, die Kontinuität von Irdischem und Verkündigtem ausweisen zu können; es verdankt sich auch nicht dem Interesse, im Ausgang vom historisch Feststellbaren eine angeblich besser fundierte Christologie entwerfen zu können. Sondern das Interesse am Irdischen verdankt sich der Einsicht, dass der in den Evangelien zu beobachtende Vorgang, dass der irdische Lebensvollzug eines Erniedrigten mit Hoheitsprädikaten umgeben wird, etwas über die je eigene Existenz sagt, die erfasst, dass in den Aussagen über die Niedrigkeit des Menschen über ihn, den Hörer des Wortes, gesprochen wird, und dass in den Hoheitsprädikaten auch er kontrafaktisch neubestimmt wird.**

GOTT WAGEN

Praktisch-theologische Perspektiven zum Gespräch der theologischen Disziplinen

Von Helmut Schwier

Praktische Theologie hat in ihrer Fachgeschichte unterschiedliche Verständnisse des Gesamtfaches vertreten: In ihr wurden und werden pastoral-professionsorientierte, ekklesiologische oder auch auf die Gesamtheit der religiös-kulturellen Phänomene bezogene Zugangsweisen und Paradigmen verfolgt. Wenn man, was unstrittig sein dürfte, Praktische Theologie allgemein als eine auf die Praxis kirchlicher Handlungsfelder und religiöser Lebenswelten ausgerichtete theologische Theorie versteht, ist schon dadurch eine Pluralität gegeben. Diese wird nochmals vermehrt, wenn man die Perspektiven von Wahrnehmung, Reflexion und Orientierung jeweils dazu nimmt, wenn man außerdem den Entwurf eines Gesamtverständnisses, das es nicht unbedingt immer gegeben hat, mit den Entwürfen der Einzeldisziplinen Homiletik, Liturgik, Poimenik, Religionspädagogik, Kirchentheorie und Diakoniewissenschaft ergänzt und – last but not least – die das Fach seit Ende des 19. Jhs. prägende Zusammenarbeit mit anderen nicht-theologischen Wissenschaften bzw. das Interesse für deren Ergebnisse und Methoden beachtet.[1]

Was ist in dieser Vielfalt und methodischen Pluriformität das spezifische Profil von Praktischer Theologie?

Es ist erstens der im weitesten Sinn empirische Zugang, zweitens der von den Einzeldisziplinen her notwendige historische Zugang und drittens eine handlungsorientierende Perspektive.[2] Hinzu kommt viertens das auch jenseits des Fehlverständnisses

---

[1] Cf. zum Ganzen CHRISTIAN GRETHLEIN – HELMUT SCHWIER (ed.), *Praktische Theologie. Eine Theorie- und Problemgeschichte* (APrTh 33), Leipzig 2007.

[2] Cf. dazu CHRISTIAN GRETHLEIN, Praktische Theologie als Teil des Gesamtprojekts Theologie, in: INGOLF U. DALFERTH (ed.), *Eine Wissenschaft oder viele? Die Einheit evangelischer Theologie in der Sicht ihrer Disziplinen* (ThLZ.F 17), Leipzig 2006, 99-119, 115s.

von Praktischer Theologie als bloßer Anwendungswissenschaft notwendig inhärente – wenn auch nicht immer stark genug ausgeprägte – Interesse an der theologischen Enzyklopädie; denn ohne ein Gesamtverständnis der Theologie und ohne Exegese, Kirchengeschichte und Systematischer Theologie bliebe nur eine Leere übrig, die beispielsweise in Gottesdienst, Predigt und Unterricht fatale Folgen hätte und nur noch ästhetische Formen ohne Inhalte beachtete.

Gerade die enzyklopädische Fragestellung kann ausgesprochen allgemein und abstrakt verfolgt werden; das Tagungsthema bot demgegenüber die Möglichkeit, sowohl konkret wie am zentralen Gegenstand ins innertheologische Gespräch einzutreten. Dazu wird nun der Umgang mit Jesus in Gottesdienst, Predigt und Unterricht exemplarisch vorgestellt, mit Fragen und Beiträgen zum innertheologischen Gespräch verbunden und abschließend werden Konsequenzen für ein Gesamtverständnis von Praktischer Theologie angedeutet, das die systematisch-theologische Konzeption von Jesus aufzugreifen sich bemüht.

1. Jesus im Gottesdienst

Im traditionskontinuierlichen Gottesdienst, der mit Agende und Gesangbuch gefeiert wird und im Namen des dreieinen Gottes beginnt, begegnet Jesus als der gegenwärtig wirksame Christus. Von ihm handeln die traditionellen Choräle, er wird als *kyrios* angerufen und als Sohn im Credo bekannt, sein Evangelium wird gelesen, gehört und gepredigt, sein Gebet spricht die Gemeinde, durch ihn vollzieht sie Doxologie und Akklamation.

Vor allem die beiden Sakramente sind als seine Stiftung im Vollzug der Feier erkennbar und erfahrbar. Die Taufe folgt dem Taufbefehl und seiner Verheißung, das Abendmahl gestaltet die Handlungen der *verba testamenti,* die ihrerseits im Zentrum der Liturgie aus- und zugesprochen werden. Schon die reformatorischen Änderungen der Abendmahlsliturgie verdankten sich dem sehr starken Impuls, die biblische Ursprungssituation aufzunehmen und den Bezug auf Jesus als den Herrn und Geber des Mahles zu gestalten.

Der evangelische Kirchenraum bleibt bei aller Varianz auf das Kreuz und die Bibel ausgerichtet und markiert schon vor dem liturgischen Gebrauch, aber nicht unabhängig von ihm, die Heiligkeit des Raums, seine Ausrichtung und Bezogenheit auf das Wort Gottes und das Heilsgeschehen.[3] Die erstaunlichen Erfahrungen der zahlreichen offenen Kirchen bestätigen die Sehnsucht vieler Menschen nach besonderen Räumen und ihren spirituellen Botschaften. Hieran knüpfen nicht wenige theologische Kirchenführungen an.[4]

Das Kirchenjahr schließlich ist zur Hälfte Christusjahr. Von Advent bis Pfingsten wiederholt es feiernd die Heilsgeschichte und zielt auf die feiernde Partizipation als Teilhabe und Teilgabe, die der Gemeinde und dem Einzelnen gilt. Die besonders hohe Beteiligung, die Gottesdienste zur Christnacht und zur Osternacht vielerorts aufweisen, sind kaum mit einem Event- oder Happeningcharakter zu erklären; vielmehr begegnet man hier dem Heilsgeschehen, allerdings nicht nur in kognitiver Weise, sondern mit vielen Sinnen. Auch die großen, im Kirchenjahr verankerten Konzerte vom Weihnachtsoratorium zu den Passionen, vom Osteroratorium zu den Kantaten bieten Raum zur Christusbegegnung – nicht nur, aber auch jenseits kirchlicher Milieus.

Die sog. alternativen Gottesdienste gibt es in unterschiedlichen Ausprägungen, z.B. in missionarisch-evangelistischer wie in kulturbezogener oder in gemeinschaftsintensiver Ausrichtung.[5] In ihren Formen und Gestaltungen haben neue Musik, neue Medien, aber auch neue Rollen, wie z.B. die des Moderators am Bistrotisch, eine wichtige Funktion. Häufig wird das Gegenüber zu den dann als veraltet oder vormodern empfundenen traditionskontinuierlichen Liturgien übermäßig betont.[6]

---

[3] Cf. HELMUT SCHWIER, Dem Glauben Raum geben – gottesdienstliche Perspektiven, in: id. (ed.), *Geöffnet. Raum und Wort in der Heidelberger Universitätskirche*, Frankfurt/M. 2006, 195-202.

[4] Cf. HARTMUT RUPP, Wahrnehmen, Erklären, Deuten, Erschließen. Kirchenpädagogik heute, in: HELMUT SCHWIER (ed.), *Geöffnet* (Anm. 3), 225-235.

[5] Cf. LUTZ FRIEDRICHS, Praktisch-theologische Einleitung, in: id. (ed.), *Alternative Gottesdienste, gemeinsam gottesdienst gestalten Bd.7*, Hannover 2007, 9-32.

[6] So z.B. bei CHRISTIAN SCHWARZ – MICHAEL HERBST, *Praxisbuch Neue Gottesdienste*, Gütersloh 2010.

Bei den Gestaltungen alternativer Gottesdienste muss jedoch besonders beachtet werden, wie der Christusbezug, den ja die liturgische Tradition auf unterschiedlichen Ebenen verwirklicht hat, in Wort und Feier sich ereignen kann. Vergleichbares gilt ebenso für alte und neue Kasualien, auf die hier nicht näher eingegangen werden kann.[7]

Aus dieser kleinen Skizze geht bereits hervor, wie vielfältig im Gottesdienst Jesus als Christus begegnet. Eine Gottesdiensttheorie hat daher in aller Verarbeitung historischer, anthropologischer, semiotischer, theater- und ritualwissenschaftlicher Erkenntnisse die theologische Kategorie des Christusbezugs in ihrem Zentrum zu entwickeln und zu entfalten. Dabei bringt sie eine zweifache Perspektive in das theologische Gespräch ein: nämlich, dass und wie der Christusbezug den ganzen Menschen als Leib und Seele, in Zeit und Ewigkeit, mit Freude und Trauer, als Einzelnen und Glied der Kirche betrifft und verwandelt und dass dies als theologia viatorum – oder biblisch gesprochen: auf dem Weg nach und von Emmaus – zu denken und zu entfalten ist.

2. Jesus in der Predigt

Neuere predigtgeschichtliche Studien liegen, soweit ich sehe, hierzu nicht vor. Nicht repräsentative Stichproben zu neueren Predigten über Wunder, Gleichnisse und die Lehre Jesu zeigen mir aber, dass gerade hier vielfach Kenntnisse über die sozialgeschichtlichen Bedingungen zur Zeit Jesu und insgesamt über den historischen Jesus verwendet werden und eine veranschaulichende und konkretisierende Funktion haben. Der Mensch Jesus wird greifbar, seine Zuwendung zu den Ausgestoßenen, sein Gegenüber zu den Mächtigen, auch seine Passion. Die Verbundenheit Jesu mit dem Judentum wird sichtbar, aber auch seine Konflikte mit den Herrschenden. In der alten, allerdings

[7] Cf. LUTZ FRIEDRICHS, *Kasualpraxis in der Spätmoderne. Studien zu einer Praktischen Theologie der Übergänge* (APrTh 37), Leipzig 2008; CHRISTIAN GRETHLEIN, *Grundinformation Kasualien. Kommunikation des Evangeliums an Übergängen des Lebens*, Göttingen 2007.

überholten Terminologie könnte man sagen: wenn hier Christologie zur Sprache kommt, dann vielfach eine „Christologie von unten".

Ist das nur defizitär? Aus der Sicht auf den Gottesdienst als Gesamtgeschehen hat die Predigt einen die Feier, den Ritus auch unterbrechende Funktion;[8] der neue Ort der Kanzel, der rhetorische Code, die Haltung der Schriftauslegung zeigen die Besonderheit der Sequenz. Wird hier „Christologie von unten" gepredigt, bleibt die Frage, wie wirksam der Kontext von Liturgie, Lied, Raum und Kirchenjahr ist. Ich vermute, dass er stark ist und dadurch auch eine fruchtbare Spannung erzeugt. Außerdem ist zu beachten, dass die jetzige Perikopenordnung bekanntlich noch einen jährlichen Wechsel von Epistel- und Evangelientexten vorschreibt; hier wäre zu untersuchen, ob damit auch ein Wechsel der christologischen Prägung in den Predigten einhergeht. Dass es in der derzeitigen Predigtpraxis eine grundlegende Abkehr von Luthers *„nihil nisi Christus praedicandus"*[9] gäbe, kann ich nicht wahrnehmen.

Die Predigttheorie hat bei ihrer Verarbeitung rhetorischer, psychologischer, sprachtheoretischer, medialer und dramaturgischer Einsichten die theologische Kategorie des *Christus praedicandus* als Kommunikation des Evangeliums zur Geltung zu bringen. Dabei teilt sie mit den anderen theologischen Disziplinen die Einsicht in den Wortcharakter der Offenbarung und kann vor allem mit Exegese und Hermeneutik die „Sache der Texte" neu wahrnehmen und zu einer Predigt anleiten, die durchaus etwas zu verstehen und zu begreifen gibt.

Die Predigt soll etwas zu verstehen geben, weil die Bibel selbst etwas zu verstehen gibt: erstens den biblischen Text als „fremden Gast" (Hans Weder) und ihn mit dem Reichtum seiner Sprache, Motive, Geschichten, Bilder, Argumente und literarischen Strategien, seiner Formen und Gattungen, seinen narra-

---

[8] Cf. MICHAEL MEYER-BLANCK, *Die Dramaturgie von Wort und Sakrament. Homiletisch-liturgische Grenzgänge im ökumenischen Horizont* (PTh 96), 2007, 160-171; id., *Evangelische Gottesdienstlehre heute. Ein Überblick,* ThLZ 133, 2008, 3-20; HELMUT SCHWIER, *Der Evangelische Sonntagsgottesdienst. Verständnis und Praxis im Umfeld des „Evangelischen Gottesdienstbuches",* LJ 60, 2010, 116-131, 128s.

[9] Cf. WA 16, 113, 7s.

tiven, prophetischen, vorschreibenden, weisheitlichen und hymnischen Ausprägungen, also das Wort der Schrift in „biblischer Polyphonie" (Paul Ricœur) wirken lässt;[10] all dies bietet gleichzeitig kreative Anregungen zu einer polyphonen Predigtgestaltung; und zweitens gibt es das Christusereignis als zentrale Deutungskategorie des christlichen Gottes-, Selbst- und Weltverständnisses zu verstehen.

Die Homiletik hat dabei in das Gespräch warnend einzubringen, dass dieses Verstehen nur allzu leicht zu formelhaftem Reden verführt, das nicht nur auf der Kanzel den Kommunikationsabbruch fast automatisch zur Folge hat. Unsere eigenen empirischen Untersuchungen zur Predigtrezeption zeigen dies mit großer und schlagender Deutlichkeit: Es gibt in der Breite der Kerngemeinde – von den treuen Kirchenfernen ganz zu schweigen – entschiedenen Protest und deutliche Abwehr gegen eine Predigtsprache, die allgemein, formelhaft, langweilig ist.[11] Hier bleibt die Frage: wie können wir von Christus reden, ohne in Formeln und Klischees zu verfallen? Welche Hilfen und welche Hindernisse bietet hier die biblische Polyphonie? Vor allem, aber nicht nur, ist hier an die „erzählte Christologie"[12] zu denken.

3. Jesus im Unterricht

In einer 2009 veröffentlichten Untersuchung hat die ungarische Theologin Mónika Solymár alle Ausgaben und Auflagen des zentralen Religionsunterrichtsbuches „Kursbuch Religion"

---

[10] Dies wurde an anderer Stelle ausführlich entfaltet und begründet: HELMUT SCHWIER, *Zur Sache der Texte. Bibel, Predigt und Hermeneutik aus exegetischer Sicht,* in: ALEXANDER DEEG – MARTIN NICOL (ed.), *Bibelwort und Kanzelsprache. Homiletik und Hermeneutik im Dialog,* Leipzig 2010, 11-29.

[11] Cf. HELMUT SCHWIER – SIEGHARD GALL, *Predigt hören. Befunde und Ergebnisse der Heidelberger Umfrage zur Predigtrezeption, Heidelberger Studien zur Predigtforschung Bd. 1,* Berlin 2008.

[12] Cf. hierzu den Beitrag von THOMAS SÖDING im vorliegenden Band sowie id.: *Der Gottessohn aus Nazareth. Das Menschsein Jesu im Neuen Testament,* Freiburg – Basel – Wien 2006. Anregend ist auch der Praxisband mit Exegesen und Predigten: HANS-HELMAR AUEL (ed.), *Jesus der Messias. Gottesdienste zur Messiasfrage* (DaW 134), Göttingen 2011.

für die Klassen 5 bis 10 der Jahre 1976 bis 2007 auf deren Christologie hin untersucht. Zusammengefasst lautet das Ergebnis: „Bis in die vorletzte Bearbeitungsfolge hinein stand der Mensch Jesus stark im Mittelpunkt der entsprechenden Unterrichtseinheit; Christologie war fast ausschließlich ‚Christologie von unten' und blieb implizit"; erst die „letzte, sechste Bearbeitungsfolge der Kursbücher hat sich hier … programmatisch darum bemüht, möglichst viele, explizit christologische Inhalte im Sinne des Bekenntnisses ‚Jesus ist Christus, der Sohn Gottes, der erwartete und verheißene Messias' zu vermitteln."[13]

Woran liegt das? Hier sind zwei Ursachen zu nennen, die miteinander in Beziehung stehen. Einmal hat die Religionspädagogik in diesem Bereich die exegetische Fachwissenschaft und deren Boom des historischen Jesus sehr stark rezipiert und gleichzeitig den historischen Jesus als „didaktisches prae" verstanden und propagiert; zum anderen sind die Unterrichtsbücher ja nicht einfach freie Angebote auf dem freien Markt, sondern sie folgen dem Lehrplan. Und dieser Lehrplan schritt, beispielsweise in Baden-Württemberg im untersuchten Zeitraum, den Weg Jesu im Sinne einer impliziten Christologie ab: „Es beginnt mit dem Kennenlernen von Jesus und seiner Zeit … und führt über die Auseinandersetzung mit Jesu Botschaft (Gleichnisse, Wunder, Bergpredigt) zu Jesu Kreuzestod und Auferstehung: Damit wird der historische Jesus zum Messias, der Hoffnung bringt und ein neues Leben ermöglicht."[14]

Nun zeigen die durchaus vorhandenen neueren empirischen Untersuchungen zur Christologie der Schülerinnen und Schüler keinen einfachen Konsens. Auffällig ist aber, dass viele Schülerinnen und Schüler die Frage nach Jesus als eine christologische Frage sehen: Es geht für sie hier nicht um den historischen Jesus, sondern um die Gottesfrage, oder, so das Ergebnis von Gerhard Büttner (2002): „Der Sohn-Gottes Titel und die dahinter stehende Interpretation spielen eine besondere Rolle bei

---

[13] Mónika Solymár, *Wer ist Jesus Christus? Eine theologisch-didaktische Analyse der Schulbuchreihe „Kursbuch Religion"* (ARP 39), Göttingen 2009, 118.
[14] Ib.

den Christologien von Kindern und Jugendlichen.“[15] Dieses ist für Religionspädagogen überraschend und hinterfragt das genannte „didaktische prae“. Gleichzeitig sind die verschiedenen Entwicklungsstufen der Jugendlichen und deren Fragen an Jesus ernst zu nehmen. Sie stammen vermutlich weniger aus den ständig wiederkehrenden Titelstorys der üblichen Illustrierten zu Weihnachten und Ostern, sondern aus der Suche und Konstruktion eigener Identität, aus der Freude, andere Weltsichten kennenzulernen und auszuprobieren, vielleicht auch aus religiöser Neugier. Hier kann Christologie ein kantiges und zur Auseinandersetzung führendes Gegenüber darstellen.[16]

In diesem Bereich besteht also sowohl aus Sicht der Theologie als auch aus Sicht der Pädagogik ein nicht geringer Veränderungsbedarf in den Unterrichtsthemen, in den Lehrplänen und in der Wahrnehmung der religiösen Entwicklung der Kinder und Jugendlichen. Dabei ist, zugespitzt formuliert, die Grundbewegung von Jesus zu Christus untauglich; angemessener wäre eine Lernbewegung von Christus zu Jesus zu Christus, die das Gottesthema im Zentrum hat und didaktisch vielseitig entdecken lässt.

Aus diesem Kontext bringen Praktische Theologie und Religionspädagogik für das theologische Gespräch die Einsicht mit, die Lebenswelt in ihrer Pluralität als Faktor und die Elementarisierung als notwendige Aufgabe in allen Vermittlungs- und Bildungsprozessen ernst zu nehmen.

---

[15] MÓNIKA SOLYMÁR (Anm. 13), 229; cf. GERHARD BÜTTNER, *Jesus hilft! Untersuchungen zur Christologie von Schülerinnen und Schülern*, Stuttgart 2002. Eine, auch in empirischen Untersuchungen zur Christologie der Schüler auftauchende Problematik ist der für viele zu abrupte Wechsel zu historisch-kritischen Jesus-Themen in der Sekundarstufe I, bes. im Gymnasium; Friedrich Schweitzer votiert zu Recht gegen den schroffen Übergang: Cf. zum Ganzen MÓNIKA SOLYMÁR (Anm. 13), 235-237. In Baden-Württemberg zeigt auch der neue Bildungsplan (2004) für Gymnasien keine tiefgreifende Änderung bei den Themenfeldern („Dimensionen“) „Jesus Christus“ (http://www.bildung-staerkt-menschen.de/service/downloads/Bildungsstandards/Gym/Gym_evR_bs.pdf – Zugriff: 24. Juni 2011).

[16] MICHAEL MEYER-BLANCK hatte 1998 für eine Religionsdidaktik votiert, die schülergerecht auch Christologie einbezieht; cf. id., *Zwischen Exegese und Videoclip. Jesus in der Bibeldidaktik* (ZNT 1), 1998, 65-77.

4. Konsequenzen für ein Gesamtverständnis der Praktischen Theologie

Wie kann eine Praktische Theologie in der Bindung an Jesus Christus aussehen? Hierzu sollen einige Grundlinien skizziert werden.

Im Anschluss an Jürgen Beckers Jesusbuch hat Christian Grethlein 2006 für eine kleine Skizze der Praktischen Theologie, die derzeit als umfassendes Lehrbuch ausgearbeitet wird, an die Ursprungssituation der Kommunikation des Evangeliums erinnert und die drei Dimensionen der „Vermittlung der Nähe der Gottesherrschaft"[17] bei Jesus herausgestellt: die Dimension der Rede (Gleichnisse), die Dimension der Mahlgemeinschaften, die Dimension des Hilfehandelns (Wunder).[18] In ihnen treten nach Grethlein „drei Dimensionen der Kommunikation des Evangeliums hervor, die helfen können, deren heutige Förderung zu konzentrieren, ohne zu einer problematischen Isolierung einzelner Handlungsfelder zu kommen"[19]: die Dimension der Rede weist „auf alle verbal vermittelten Formen der Evangeliumskommunikation hin, angefangen bei der Predigt über Formen des Religionsunterrichts bis hin zu moderner massenmedialer Kommunikation in Fernsehen und Internet"[20]; die Mahlgemeinschaften setzen sich „im gottesdienstlichen Geschehen fort"[21], ohne auf kultische Vollzüge enggeführt zu werden; schließlich „legen die Wunder Jesu das Ineinander von Beratung, Begleitung und konkreter Hilfeleistung bis in den somatischen Bereich hin nahe".[22]

Dies ist überzeugend jesuanisch gedacht, braucht aber m.E. eine stärkere christologische Prägnanz. Die ergibt sich durch den Bezug auf die Reich-Gottes-Botschaft und auf das Ostergeschehen; dadurch werden die drei Dimensionen nicht einfach ergänzt, sondern in ihrer inhaltlichen Zielrichtung profiliert.

[17] Cf. dazu Jürgen Becker, *Jesus von Nazaret*, Berlin – New York 1996, 176-233.
[18] Cf. zum Ganzen Christian Grethlein, *Praktische Theologie* (Anm. 2), 117-119.
[19] Christian Grethlein, *Praktische Theologie*, (Anm. 2), 118.
[20] Ib.
[21] Ib.
[22] Ib.

Rede, Mahlgemeinschaft und helfendes Handeln sind Bestandteil wie Vollzug der Gottesherrschaft und zeigen den Gott, der Christus auferweckt hat und das Tote ins Leben ruft.

Aufgrund der Lektüre von Joachim Ringlebens Jesusbuch habe ich den Eindruck gewonnen, dass eine solch stärkere christologische Prägnanz allein noch nicht ausreichend wäre. Die Grundkonzeption von „Gottes Selbsthervorbringen am Orte Jesu“ als „Gott des Sohnes“[23] erfordert eine im strengsten Sinn theologische Prägnanz.

Auch die Praktische Theologie hat dann dafür Sorge zu tragen, dass unsere Praxis reflektiert wird als vom Gott des Sohnes bestimmt und gefüllt. Dann ist in Gottesdienst, Predigt und Unterricht zu beachten, dass nicht unsere gewöhnlichen Selbsttäuschungen, Gott wäre längst bekannt,[24] verhindern zu begreifen – eine Selbsttäuschung, der Theologen bekanntlich besonders häufig anheimfallen. Vielmehr sind Gottesdienst, Predigt und Unterricht in der Zuversicht zu gestalten, dass Gott sich auch in ihnen hervorbringt und Glauben schafft. Dabei stehen Liturgen, Predigerinnen und Lehrer aber nicht auf Gottes Seite den Übrigen gegenüber, sondern mit ihnen vor Gott.

Angesichts der Elementarisierungsaufgabe haben Praktiker oft keine Scheu vor griffigen, vielleicht einfältigen Formulierungen. Wie wäre es für das innertheologische Gespräch mit: „Gott wagen“? Nicht weil Glaube oder Religion unser Kerngeschäft wären, auf das wir jetzt – in Zeiten knapper Kirchenkassen, aber voller Konkurrenzangebote auf dem Markt der spirituellen Möglichkeiten – entschieden und strategisch zurück zu kommen hätten, oder weil Glaube oder Theologie im Sinne einer *creatrix divinitatis* zu verstehen wären, sondern weil Jesus Gott zu uns bringt, den Gott des Sohnes und weil Gott es wagt, sich im Glauben zu ereignen.

---

[23] JOACHIM RINGLEBEN, *Jesus. Ein Versuch zu begreifen*, Tübingen 2008, 652. Dies ist das spannende systematische Konzept des gesamten Buches. Es steht gleichfalls in spannungsreicher ökumenischer Verbindung zum Jesusbuch des Papstes: JOSEPH RATZINGER / BENEDIKT XVI., *Jesus von Nazareth*, 2 Bde., Freiburg – Basel – Wien 2007/2011.

[24] Cf. dazu JOACHIM RINGLEBEN, ib., 3. Siehe auch den Beitrag RINGLEBENS in diesem Band, 94-100.

In der Reflexion eines solchen Gotteswagnisses braucht es eine gleichermaßen staunende, selbstkritische wie riskante Theologie. An die Arbeit![25]

---

[25] Cf. auch INGOLF U. DALFERTH, *Radikale Theologie* (ThLZ.F 23), Leipzig 2010, 280s.: das „lebensverändernde Geschehen der Gottesgegenwart, nicht die geschichtliche, gesellschaftliche oder religiöse Wirklichkeit des Christentums, der Kirchen oder des Lebens von Christen für sich genommen, macht Theologie möglich und theologisches Nachdenken notwendig. Religionen gibt es viele, aber um sie zu verstehen, bedarf es keiner Theologie. […] Christen und Kirchen können unter vielen Gesichtspunkten mit Gewinn studiert werden. Theologisch aber interessiert das alles nur um der Aufgabe willen, die Christen als Kirchen und als Einzelne in der Welt haben: auf Gott aufmerksam zu machen mit dem, was sie sagen (oder nicht sagen) und tun (oder nicht tun). Gottes Gegenwart als Gottes freie Selbstvergegenwärtigung zugunsten seiner Schöpfung zu bezeugen, ist der Sinn ihres Seins in der Welt."

DER GOTT DES SOHNES

Von Joachim Ringleben

Es ist mir eine Freude, hier ein neues evangelisches Jesus-Buch vorstellen zu können, das ich verfasst habe. Sein Titel lautet: „JESUS. Ein Versuch, zu begreifen“.[1]

1.

Seine Besonderheit liegt darin, dass ich mich als *systematischer* Theologe einem Thema widme, das sonst üblicherweise nur historisch-philologisch arbeitende Exegeten, d.h. Vertreter des Faches „Neues Testament“, behandeln. Meine Absicht bei diesem Buch war, anstatt eine dogmatische Christologie zu verfassen, vom historischen Jesus ausgehend, seine Gestalt systematisch zu begreifen und so den Begriff des (wirklichen) Menschen Jesus anschlussfähig für die Aussagen des Dogmas zu halten.

Diesem Anliegen gemäß versuche ich, mich so eng wie möglich an den Texten des Neuen Testaments zu orientieren, und zwar hauptsächlich – wegen seines Alters als erstes Evangelium und wegen seines theologischen Gewichtes (cf. nur Mk 15,34!) – am Markusevangelium. Hinzu kommen – nach Matthäus – die Bergpredigt, das Vaterunser, die Seligpreisungen, sowie einige lukanische Gleichnisse. Ich versuche, von einer eindringlichen Interpretation der Texte – sprachlich und sprachphilosophisch ausgerichtet – zum Begreifen ihres theologisch-systematischen Sachgehaltes vorzudringen. Der Aufbau des Buches folgt weitgehend dem des Markus: von Johannes dem Täufer geht es über Jesu Taufe und Versuchung zu seiner Verkündigung des nahen Reiches Gottes; es folgen Kapitel über die Bergpredigt (Jesu Vollmacht), sein Verhältnis zum Alten Testament, sein Verhältnis zum Gebet, seine Sündenvergebung und sein Selbst- und Gottesverständnis (Jesu Ich), die Jüngerberufung,

[1] JOACHIM RINGLEBEN, *Jesus. Ein Versuch zu begreifen*, Tübingen 2008.

über seine Heilungen und die Gleichnisse (13 werden genauer interpretiert). Als Rahmen von Jesu spezifischer Gleichnisrede wird auch sein Wirklichkeitsverständnis überhaupt beschrieben. Den Abschluss bildet ein großes Kapitel über die Passion, das seinerseits mit einem kurzen Ausblick auf Jesu Auferweckung endet.

2.

Auf die Frage: was hat Jesus der Menschheit gebracht? gibt Josef Ratzinger in seinem Jesus-Buch[2] die Antwort: Gott. Denn es ging Jesu zuerst und zuletzt um Gott, und das hängt damit zusammen, dass „in Jesus Gott auf uns zugeht"[3]. Mein eigenes Buch will eigentlich nur so gründlich und deutlich wie möglich zur Darstellung bringen, was das heißt. Meine Grundfrage ist also: Jesu Verkündigung vom nahe gekommenen Gottesreich – die Mitte seiner Botschaft und seines Tuns – als dem Reich, das mit ihm im Kommen begriffen ist, seine Heilungen, sein Selbstverständnis als Gottes Menschensohn und sein Verhältnis zur Religion seiner Väter – wie kann man das als ein eigenes Kommen Gottes selber denken?

Das schließt die systematische Frage ein: was haben alle Züge von Jesu geschichtlicher Menschlichkeit mit seinem Verhältnis zu Gott zu tun, was aber auch mit Gottes Verhältnis zu ihm?

Will man in dieser letzten Frage weiterkommen, so muss man versuchen, so ursprünglich wie möglich und ganz neu zu fragen: Wen meint Jesus, wenn er sagte: „mein himmlischer Vater"? Wer ist das, von dem er redet? Ist es richtig, wie wir selbstverständlich zu tun gewohnt sind, einfach zu sagen: Gott – in der Annahme, wir wüssten immer schon, wer das sei? Ist Jesu Gott wirklich so fraglos bekannt? Ein auffälliges Indiz ist, dass Jesus immer nur „mein Gott" sagt und sich nie mit anderen zusammenschließt, indem er etwa „unser" Gott sagte! Mein Buch geht jedenfalls von der Annahme aus, dass wir nur begreifen, wer Jesus ist, wenn wir begreifen, wen eigentlich Jesus seinen himmlischen Vater nannte. Ich möchte so radikal wie möglich zu ver-

---

[2] JOSEPH RATZINGER, *Jesus von Nazareth, Bd. 1: Von der Taufe im Jordan bis zur Verklärung,* Freiburg im Breisgau [2]2007.
[3] Ib., 73.

stehen versuchen, wer das eigentlich ist: „sein" Gott. Will man das, so muss man es unternehmen, alle Aussagen Jesu über Gott und sein Kommen immer auch von Gott aus zu denken. Wie sieht, was Jesus ist, sagt und tut, von Gott her aus, und wie bestimmt sich darin, das (traditionelle) Wort „Gott"?

3.

Es geht darum, Jesu Selbstbewusstsein (bzw. sein Selbstverständnis) von Gott her zu begreifen. Dazu zunächst zwei Beobachtungen.

a. Jesus verstand sich (als Jude) von der Überlieferung seiner Väter her, d.h. den Verheißungen des Alten Testaments. Sein Selbstverständnis war bestimmt durch die Gewissheit: jene Verheißungen kommen in mir zur Erfüllung (cf. Lk 4,21!). Das reflektiert auch der Beginn des Markusevangeliums: In Mk 1, 1-6 ist von einem Anfang (des Evangeliums) die Rede, der – erstaunlicherweise! – immer schon angefangen hat und der dann im Auftreten Jesu (1,9ff.) mit sich zusammengeht.

Jesus versteht sich ganz aus dem Alten Testament und dies in der besonderen Weise der Gewissheit: diese Worte von weither zielen auf mich. So gewinnt er seine Identität und sein Selbstbewusstsein aus dem Wort Gottes (cf. Mt 4,4), d.h. von Gott her. In der Schrift begegnet ihm „sein" Gott, d.h. der, der ihn zu dem macht, der er ist. Gott redet dabei spezifisch und exklusiv zu ihm und mit ihm. Für Jesus selber kommen Gottes Worte an ihm zu ihrer Erfüllung; sozusagen: Ich bin, was ich bin – von diesem Reden Gottes (zu mir); cf. Mt 4,4.

b. Das gibt insbesondere der Bericht über Jesu Taufe zu verstehen (Mk 1,9-11). Gleich, wie sie sich historisch abgespielt hat, systematisch verstanden enthält die Taufgeschichte den Inbegriff von Jesu Selbstverständnis; außerdem ist entscheidend, dass dieses sich sprachlich vermittelt konstituiert. Das lässt sich an einer genaueren Auslegung von Mk 1,11 zeigen. Jesus gewinnt seinen Begriff von sich aus der Anrede: „Du bist mein geliebter Sohn" und erfährt in diesem Hören den, der sein „himmlischer Vater" ist. In diesen Worten ist ihm die göttliche Liebe kreativ zugewandt: er wird hierbei zum Sohn gemacht. Gemäß Ps 2,7 besteht Gottes „Zeugen" hier in einem schöpferischen Wortgeschehen. Indem Gott Jesus so anspricht, lässt er ihn als seinen Sohn sein, und Jesus existiert (fortan) „im Wort".

Dabei ist von größter theologischer Bedeutung die Einsicht, dass Gott in solchem definitiven Reden zu Jesus zugleich auch definitiv über sich selber redet. Indem er durch sein schöpferisches Reden diesen seinen Sohn „zeugt", bringt er sich exklusiv am Orte Jesu neu und endgültig hervor: als der Vater. Er ist von da an – und will nicht anders sein – der Gott mit Jesus, der Gott des Sohnes.

Hat Jesus sich demgemäß als der „geliebte Sohn" dieses Vaters verstanden, so ist schon hier mit zu berücksichtigen, dass dieses Sohnesbewusstsein in einer zerreißenden Spannung steht zu dem Verzweifelungsschrei am Kreuz: „Mein Gott, mein Gott, warum hast du mich verlassen?" (Mk 15,34). Der Mensch Jesus wird nur begriffen, wenn man sieht, dass er in dieser fürchterlichen Zerreißprobe existiert hat. Sein Sohnesverhältnis zu Gott bleibt unterbestimmt, wenn auch das nicht theologisch (d.h. von Gott her) verstanden wird.

4.

Ein hervorstechendes Kennzeichen von Jesu Auftreten war seine überwältigende „Vollmacht" (exousia). Sie hat ihren spezifischen Ausdruck in den Worten gefunden: „Ich aber sage euch", wie sie sich besonders in der Bergpredigt und im Gegenüber zu den überlieferten Autoritäten des Alten Testaments finden (cf. Mt 5,21-48). Die Erfahrung dieser Vollmacht wird von seinen Zuhörern oft bezeugt (cf. Mk 1,21f.). Anders als bei den anerkannten Schriftgelehrten und religiösen Anführern ging von ihm eine ungeheuere Kraft aus, die seine Worte, Zeichenhandlungen und seine Persönlichkeit charakterisierte. Daran drückt sich Jesu unableitbare Freiheit aus. Sein radikales Sabbat-Wort (Mk 2,23-28), seine alle antiken Vorstellungen grundsätzlich relativierenden Aussagen über Reinheit (Mk 7,1ff.) u.a. mehr bringen diese Freiheit zum Ausdruck. Sie ruft immer wieder auch „Entsetzen" oder „Anstoß" (Ärgernis) hervor. Zugleich darf man nicht verkennen, dass diese unbedingte Freiheit und Vollmacht für Jesus selber auch eine große Last bedeutet haben muss; die Versuchungsgeschichte (Mt 4,1-11) oder sein Ringen in Gethsemane (Mk 14,32-42) lassen etwas davon spüren.

Jesu vollmächtige Freiheit insbesondere gegenüber der Religion hat ihre Wurzel darin, dass er sich in einem ständigen inneren Zwiegespräch mit seinem Gott befand. In allen weltlichen Begebenheiten, in allem was ihm zustößt, in allen Begegnungen mit den Menschen und mit den religiösen Einrichtungen Israels ist immer vorauszusetzen, dass er hierbei sich im Gegenüber zu Gott wusste und darin irgendwie Gottes Reden mit ihm vernahm. Das gilt besonders auch für seine (ganz eigenartigen) Gleichnisse: auch hier redet er so von Gott (und seinem Reich), indem er verborgen auch von sich selber spricht. Eine Ahnung von diesem inneren Gespräch Jesu mit Gott, das sein Leben und Wirken durchweg bestimmte, vermittelt uns das „Vaterunser" (Mt 6,9-13), und es ist kein Zufall, sondern theologisch höchst bedeutsam, dass er es ist, der dies Gebet gelehrt hat, denn es spiegelt etwas von seinem Verhältnis zu seinem Vater im Himmel wider.

Jesu inneres Hören auf und Reden mit Gott reflektiert sich aber auch nach außen: in seinem Verhältnis zum Alten Testament. Er hört in der religiösen Sprache seiner Väter die Sprache seines eigenen himmlischen Vaters (bzw. erkennt diese dort wieder), und er spricht diese Vatersprache (Gottes) in seiner eigenen Sprache, der Sprache des Sohnes, schöpferisch weiter. Er „übersetzt" sozusagen die Worte des Vaters in seine eigenen Worte – als der Sohn. In diesem Sinne ist Jesus – im Anschluss an Joh 1,18 – der „Exeget der Vatersprache", d.h. der Ausleger des unsichtbaren Gottes. Die wichtige daraus zu ziehende Konsequenz ist: Jesu Bewusstsein von sich ist – anstatt „psychologisch" ausgemalt werden zu können – sprachlich verfasst. Er existiert in seinem sprachlichen Begriff von sich (als der Sohn), d.h. in seinem eigenen Logos. Und er, der selbst der Logos vom Anfang war (Joh 1,1), übersetzt sich in seine logoi, d.h. Jesu eigene Worte.

5.

Vor dem Hintergrund alles bisher Ausgeführten stellt sich die Frage, wie es systematisch und theologisch zu denken ist, dass Gott selber im Selbstbewusstsein Jesu da ist und so zu sich kommt, dass er in Jesus bei sich ist?

Meine Antwort auf diese zentrale Frage impliziert zunächst, dass Gottes Sein selber in Bewegung ist und dass er sich in der Geschichte Jesu selber zum „Gott des Sohnes" macht: dieses seines Menschensohnes.

Damit ist im Weiteren die Aufgabe verbunden zu begreifen, was das für das Verständnis von Jesu Gottverlassenheit am Kreuz und sodann, was es für seine Auferweckung durch Gott besagt – und das heißt wiederum: was Kreuz und Auferstehung für Gott selber bedeuten.

Meine grundlegende systematische These lautet nun: Gottes Sein ist im „Werden zu sich", und genau so muss Gott als lebendiger Gott verstanden werden. Allein aus diesem Werden Gottes zu sich, aus seiner endgültigen Neubestimmung im Christusereignis kann zum Verständnis gebracht werden, dass Jesu Leben und Tod das entscheidende Ereignis im Lebenslauf Gottes ist. Indem Jesus „Gott bringt" (Joseph Ratzinger), bringt Gott sich am Orte Jesu selber hervor – auch für uns. Gott macht sich in Jesu zeitlicher Lebensgeschichte ewig zum Gott des Sohnes.

6.

Abschließend möchte ich noch kurz den theologischen Ertrag andeuten, der sich – wie mein Buch detailliert zeigt – ergibt, wenn Gottes Sein (von Jesus aus) als Werden zu sich bzw. als Gottes Sichhervorbringen am Orte Jesu (in Jesu Selbstbewusstsein) verstanden wird.

a. Es fällt ein unüberbietbares Gewicht auf die irdische Lebensgeschichte Jesu (und überhaupt auf die Geschichte von Gottes Kommen vom Alten Testament her). So wird verständlich, warum wir als Christen an den Gott in der Zeit glauben und warum Jesus und Gott untrennbar „eins" werden (cf. Joh 10,30).

b. Die vieldiskutierte Frage, warum das Reich Gottes in Jesu Verkündigung teils „schon" da und teils „noch nicht" vollendet ist, lässt sich aus der Logik des „Werdens zu sich" beantworten.

c. Dass der historische Jesus sich einerseits mit der Gestalt des „Menschensohnes" identifiziert, andererseits auf ihn als einen zukünftig am Ende der Zeiten Kommenden und von ihm irgendwie noch Unterschiedenen hingewiesen und beides doch als zusammengehörig ausgesagt hat (Mk 8,38, Lk 12,8), lässt sich so von Gott her verstehen.

d. Ähnliches gilt auch von dem in der Forschung viel verhandelten sogenannten „Messiasgeheimnis" (insbesondere bei Mk), d.h. dem Verhältnis zwischen Jesu vorläufiger Unkenntlichkeit und seiner endgültigen Herrlichkeit.

e. Begreifbar wird, dass und wie Jesus bei seiner unmittelbaren Vergegenwärtigung Gottes (z.T. mit bestürzender Direktheit; cf. die Sündenvergebung im Namen Gottes: Mk 2,5 mit 7) ein wahres Verhältnis zu Gott an seine Person binden konnte. Denn im Zuge des Werdens zu sich gilt beides zugleich: Gottes Reich kommt mit oder in ihm und doch ist Gott „größer" als er (Joh 14,25).

f. Die Logik des Werdens zu sich – als eines aus seinen Voraussetzungen auf sich Zugehens und sich aus der Zeit ewig mit sich Zusammenschließens – macht begreiflich, inwiefern der in der Zeit nach David kommende Jesus doch dessen Herr sein kann (Mt 22,43-45) bzw. der zeitgenössisch gegenwärtige Jesus doch vor Abraham gewesen ist (Joh 8,58).

g. Bringt der ewige Gott sich in der Zeit an dem Menschen Jesus selber hervor, so wirft das ein neues Licht auf die dogmatische Christologie und die Lehre von der Menschwerdung. Das Dogma von Christi menschlicher und göttlicher Natur wird als Begriff davon verständlich, dass Gott und dieser Mensch Jesus in Jesu Geschichte immer schon zusammengehören. Ihr lebendiges Sein ist ein (in sich unterschiedenes) Sein (cf. Joh 10,30). Gott kommt zu sich selber, indem er im Menschen Jesus zu sich kommt. Darum ist für den christlichen Glauben Gott nur noch mit Jesus zusammen Gott.

AUF DER GRENZE VON THEOLOGIE UND GESCHICHTE

Joseph Ratzingers „Jesus von Nazareth“ (Band I+II)

Von Martin Bauspieß

Es gibt wohl kaum ein Jesusbuch, das in den letzten Jahren eine derart breite Diskussion ausgelöst hat wie Joseph Ratzingers „Jesus von Nazareth“.[1] Sowohl innerhalb von Kirche und Theologie[2] als auch in einer breiteren Öffentlichkeit[3] wird das Werk, dessen zweiter Band 2011 erschienen ist[4], wahrgenommen. Die Reaktionen verdanken sich sicherlich zum einen der Prominenz des Autors, da hier der gegenwärtig amtierende Papst Benedikt XVI. schreibt, ein Sachverhalt, den auch der immer wieder zitierte Hinweis, dass diese Jesusdarstellung „keineswegs ein lehramtlicher Akt“ sei[5], nicht relativieren kann. Sie sind aber sicherlich auch in der Sache begründet. Ratzinger geht in seiner Jesusdarstellung aufs Ganze. Es sind die großen Fragen nach Wahrheit und wissenschaftlicher Erkenntnis,

---

[1] JOSEPH RATZINGER. BENEDIKT XVI., Jesus von Nazareth. Erster Teil: Von der Taufe im Jordan bis zur Verklärung, Freiburg – Basel – Wien 2007.

[2] Ich nenne exemplarisch einige Aufsatzbände, die die Diskussion um den ersten Band dokumentieren: THOMAS SÖDING (ed.), *Das Jesus-Buch des Papstes. Die Antwort der Neutestamentler*, Freiburg im Breisgau 2007; id. (ed.), *Ein Weg zu Jesus. Schlüssel zu einem tieferen Verständnis des Papstbuches*, Freiburg im Breisgau 2007; *„Jesus von Nazareth“ kontrovers. Rückfragen an Joseph Ratzinger, mit Beiträgen von* KARL KARDINAL LEHMANN, CHRISTOPH KARDINAL SCHÖNBORN, ADOLF HOLL, KLAUS BERGER, HANS KÜNG, HANS ALBERT u.a., Münster 2007; HERMANN HÄRING (ed.), „Jesus von Nazareth“ in der wissenschaftlichen Diskussion, Münster 2008; ADRIAN PABST – ANGUS PADDISON (ed.), *The Pope and Jesus of Nazareth. Christ, Scripture and the Church*, London 2009.

[3] Siehe dazu – exemplarisch für viele weitere Zeitungsbeiträge – etwa die in der Wochenzeitschrift „Die Zeit“ anlässlich des Erscheinens des zweiten Bandes der Jesusdarstellung Ratzingers aufgeworfene Diskussion mit Walter Homolka (Die Zeit 10 [3. März 2011], 56s).

[4] JOSEPH RATZINGER. BENEDIKT XVI., Jesus von Nazareth. Zweiter Teil: Vom Einzug in Jerusalem bis zur Auferstehung, Freiburg – Basel – Wien 2011.

[5] RATZINGER, Jesus I (Anm. 1), 22.

Glaube und Vernunft, Theologie und Geschichte, die er im Zusammenhang mit der Jesusfrage aufwirft und auf seine Weise zu beantworten versucht. Mit dem Erscheinen des zweiten Bandes liegt der Gesamtentwurf seiner Darstellung vor.[6] Das Buch knüpft einerseits stringent an die im ersten Band entwickelte Konzeption an, andererseits werden aber auch deutliche Akzentverschiebungen erkennbar, die die innere Spannung, die den Entwurf durchzieht, sichtbar werden lassen. Es lohnt sich deshalb, beide Bände als Gesamtkonzeption in den Blick zu nehmen und zu bedenken. Dafür sind zunächst einige konzeptionelle Grundentscheidungen in Erinnerung zu rufen, die für den zweiten Band vorausgesetzt sind. Vor deren Hintergrund soll der Umgang Ratzingers mit den neutestamentlichen Texten an einigen Beispielen illustriert werden. Auf diese Weise lässt sich ein profiliertes Konzept der Jesus-Darstellung Ratzingers rekonstruieren, das mit eigenen exegetischen und systematischen Überlegungen konfrontiert werden kann.

1. Das systematische Anliegen

Für die Konzeption Ratzingers ist es charakteristisch, dass er zwei Fragen direkt miteinander verbindet, die sicherlich nicht voneinander zu trennen, wohl aber zu unterscheiden sind: Dies ist zum einen die *methodische* Frage nach dem historisch-kritischen Umgang mit den biblischen Texten, zum anderen die *hermeneutische* Frage, wie genau der Zusammenhang zwischen dem auf dem Wege historischer Forschung zu erlangenden Wissen über Jesus mit dem nachösterlichen Christusglauben zu bestimmen ist.[7] Wie eng Ratzinger beide Fragestellungen miteinander verbindet, wird bereits in seiner Problemanalyse erkennbar, wenn er als Resultat der bisherigen Rekonstruktionsversuche des „historischen Jesus“ konstatiert:

---

[6] Auf den in den beiden Vorworten zu Band 1 und 2 angekündigten Band zu den Kindheitsgeschichten der Evangelien (RATZINGER, *Jesus I* [Anm. 1], 23; id., *Jesus II* [Anm. 4], 14) ist im Verlauf unserer Überlegungen eigens einzugehen.

[7] Zum Zusammenhang von Hermeneutik und Methodenlehre siehe etwa die Überlegungen bei HANS WEDER, *Neutestamentliche Hermeneutik*, Zürich 1986, 27ss.

„Als gemeinsames Ergebnis all dieser Versuche ist der Eindruck zurückgeblieben, dass wir jedenfalls wenig Sicheres über Jesus wissen und dass der Glaube an seine Gottheit erst nachträglich sein Bild geformt habe."[8]

Diese Situation hält er für „dramatisch für den Glauben, weil sein eigentlicher Bezugspunkt unsicher wird: Die innere Freundschaft mit Jesus, auf die doch alles ankommt, droht ins Leere zu greifen".[9] Die Auseinandersetzung mit der wissenschaftlichen Jesusforschung geschieht demnach mit einer dezidiert praktischen Absicht. Sie wird von Ratzinger gleichsam auf den praktischen „Prüfstand" gestellt und auf ihre Relevanz hin befragt.

Eine entscheidende Weichenstellung erfolgt bereits in einer Äußerung, die man auf den ersten Blick als ein bloßes Zugeständnis auffassen könnte: Ratzinger begründet die Unverzichtbarkeit der „historischen Methode" dezidiert *theologisch*, „vom inneren Wesen der Theologie und des Glaubens her":

„Denn für den biblischen Glauben ist es wesentlich, dass er sich auf wirklich historisches Geschehen bezieht. Er erzählt nicht Geschichten als Symbole über geschichtliche Wahrheiten, sondern er gründet auf Geschichte, die sich auf dem Boden dieser Erde zugetragen hat."[10]

Die historische Methode wird folglich für Ratzinger durch die Inkarnation des Gottessohnes in dem Menschen Jesus von Nazareth theologisch legitimiert. Bei aller Kritik an Ratzingers Argumentation hat er an dieser Stelle aus der Wissenschaft ausdrücklich Zustimmung erhalten.[11] Die Kritik entzündet sich

---

[8] RATZINGER, *Jesus I* (Anm. 1), 11.

[9] Ib.

[10] RATZINGER, *Jesus I* (Anm. 1), 14.

[11] So etwa bei JÖRG FREY, *Historisch – kanonisch – kirchlich: Zum Jesusbild Joseph Ratzingers*, in: SÖDING (ed.), Das Jesus-Buch des Papstes (Anm. 2), 43-53: 45. Ganz in diesem Duktus stellt KNUT BACKHAUS, Christus-Ästhetik. Der „Jesus" des Papstes zwischen Rekonstruktion und Realpräsenz, ib., 20-29: 21 fest: „Gottes Offenbarung ist *humano modo,* in Gestalt geschichtlicher Selbstmitteilung ergangen; deshalb muss Exegese historisch arbeiten." Und HERMANN HÄRING setzt in seiner Kritik an Ratzingers Verständnis historischer Forschung seine theologische Begründung gerade voraus, wenn er erklärt: „Auch die Evangelien sprechen in der Vergangenheitsform, sind für die Gegenwart jedoch nicht irrelevant. Bedeutet aber der genannte Geschehenszusammenhang der menschlichen Geschichte

erst an seiner Einschätzung der historisch-kritischen Methode[12], die hier kurz in den Blick zu nehmen ist.

In beiden Bänden spricht Ratzinger von den „Grenzen der historisch-kritischen Methode".[13] Diese sieht er zum einen darin, „dass sie ihrem Wesen nach das Wort in der Vergangenheit belassen muss"[14]. Die historisch-kritische Methode, so Ratzinger, kann deshalb „für den, der in der Bibel sich heute angeredet sieht"[15], nur begrenzt hilfreich sein. Zum anderen müsse die historische Methode „die Gleichmäßigkeit des Geschehenszusammenhangs der Geschichte" voraussetzen, weshalb „sie die ihr vorliegenden Worte als Menschenworte behandeln" müsse.[16] Aus dem erstgenannten Aspekt folgt, dass sie keinen *gegenwärtigen* Zugang zur Geschichte Jesu eröffnen kann. Der zweite Punkt hat zur Konsequenz, dass sie Gottes Handeln in der Geschichte *per definitionem* nicht wahrzunehmen vermag. Für Ratzinger ist die historisch-kritische Methode Ausdruck des „modernen Weltbildes", das er für eine Reduktion hält. Theologisch läuft dieses Weltbild aus seiner Sicht auf einen Subjektivismus hinaus, von dem aus nicht mehr Gottes eigenes Handeln, sondern nur noch menschliche Vorstellungen von Gott zur Sprache gebracht werden könnten.[17] Die damit gelegte Spur wird im zweiten Band ausdrücklich aufgenommen. Dort heißt es in den einleitenden Bemerkungen:

---

nicht eine Begrenzung? Bei der Rückfrage nach Jesus für Christen genau dann nicht, weil Gottes Wort in ihm Fleisch geworden ist. Gerade in dem, was er tat, sagte, erlitt, wurde doch Gottes aktueller Wille deutlich" (HERMANN HÄRING, *Jesus – logischer gemacht?*, in: *„Jesus von Nazareth" kontrovers* [Anm. 2], 109-120: 115).

[12] Besonders vehement bei HÄRING, *Jesus – logischer gemacht?* (Anm. 11), passim, siehe aber auch DIETER SÄNGER, *Rehistorisierung der Christologie? Anmerkungen zu einem angestrebten Paradigmenwechsel*, in: SÖDING (ed.), Das Jesus-Buch des Papstes (Anm. 2), 110-120: 116s.

[13] RATZINGER, *Jesus I* (Anm. 1), 15.

[14] Ib.

[15] Ib.

[16] Ib.

[17] So erklärt RATZINGER, *Jesus I* (Anm. 1), 64s.: „Heute wird die Bibel weithin dem Maßstab des sogenannten modernen Weltbildes unterworfen, dessen Grunddogma es ist, dass Gott in der Geschichte gar nicht handeln kann – dass also alles, was Gott betrifft, in den Bereich des Subjektiven zu verlegen sei. Dann spricht die Bibel nicht mehr von Gott, dem lebendigen Gott, sondern dann sprechen nur noch wir selber und bestimmen, was Gott tun kann und was wir tun wollen oder sollen."

> „Wenn die wissenschaftliche Schriftauslegung sich nicht in immer neuen Hypothesen erschöpfen und theologisch belanglos werden soll, muss sie einen methodisch neuen Schritt tun, ohne auf ihren historischen Charakter zu verzichten."[18]

Dabei wird deutlicher als zuvor erkennbar, dass diese Überlegungen direkt mit Ratzingers Vorstellung einer komplementären Einheit von Glaube und Vernunft[19] verbunden sind. So erklärt Ratzinger:

> „Sie [sc. die wissenschaftliche Schriftauslegung] muss lernen, dass die positivistische Hermeneutik, von der sie ausgeht, nicht Ausdruck der allein gültigen und endgültig zu sich selbst gekommenen Vernunft ist, sondern eine bestimmte und historisch bedingte Art von Vernünftigkeit darstellt, die der Korrektur und der Ergänzungen fähig und bedürftig ist. Sie muss erkennen, dass eine recht entfaltete Hermeneutik des Glaubens dem Text gemäß ist und sich mit einer ihrer Grenzen bewussten Hermeneutik zu einem methodischen Ganzen verbinden kann."[20]

Was zunächst als die „Grenzen der historisch-kritischen Methode" beschrieben worden war, wird nun mit den „Grenzen der historischen Hermeneutik" bezeichnet, der eine „Hermeneutik des Glaubens" ergänzend an die Seite gestellt wird. Es geht Ratzinger mit seiner Methodenkritik demnach um eine grundsätzliche hermeneutische Frage. Die von ihm vertretene Sicht lässt sich bereits dem Vorwort zum ersten Band entnehmen, wo er die Erklärung der Glaubenskonstitution „Dei Verbum" aufnimmt und diese paraphrasiert:

> „Wer die Schrift in dem Geist verstehen will, in dem sie geschrieben ist, müsse auf Inhalt und Einheit der ganzen Schrift achten. Das Konzil fügt hinzu, man müsse dabei auch der lebendigen Überlieferung der ganzen Kirche und der Analogie des Glaubens (der inneren Entsprechungen im Glauben) Rechnung tragen."[21]

---

[18] RATZINGER, *Jesus II* (Anm. 4), 11.

[19] Siehe dazu HANS THEODOR GOEBEL, *Glaube und Vernunft – Wahrheit und Freiheit. Aus Anlass der Regensburger Vorlesung von Papst Benedict XVI.*, in: KATHARINA VON BREMEN (ed.), Gott und Freiheit. Theologische Denkanstöße Hans-Georg Geyers (Tagungsprotokolle – Institut für Kirche und Gesellschaft), Schwerte-Villigst 2008, 25-42.

[20] RATZINGER, *Jesus II* (Anm. 4), 11.

[21] RATZINGER, *Jesus I* (Anm. 1), 17.

Auf diese Weise wird die Einheit der Schrift, bestehend aus Altem und Neuem Testament, bereits *methodisch* festgelegt. Die damit gleichzeitig getroffene hermeneutische Grundentscheidung ermöglicht es Ratzinger, Neuinterpretationen alttestamentlicher Traditionen im Neuen Testament bzw. bereits in der Geschichte Jesu, wahrzunehmen, ohne die vorausgesetzte Einheit in Frage stellen zu müssen. Den Interpretationsprozess begreift er als einen Prozess der *Relecture*, in dem die „alten Texte … in neuer Situation neu aufgenommen, neu verstanden, neu gelesen“ werden. Die vorgenommenen Neuinterpretationen werden dabei als in den alten Texten selbst bereits angelegt begriffen, denn:

> „Im Neulesen, Fortlesen, in stillen Korrekturen, Vertiefungen und Ausweitungen trägt sich die Schriftwerdung als ein Prozess des Wortes zu, das allmählich seine inneren Potentialiäten entfaltet, die irgendwie wie Samen bereitlagen, aber erst in der Herausforderung neuer Situationen, in neuen Erfahrnissen und Erleidnissen sich öffnen.“[22]

Diese Bemerkungen, die in vielen weiteren Ausführungen Ratzingers ihre Aufnahme erfahren, erinnern stark an die Vorstellung der „Heilsgeschichte“, wie sie im letzten Jahrhundert prominent von Oscar Cullmann vertreten worden ist.[23] Demnach ist das offenbarende Handeln Gottes als ein Geschehenszusammenhang zu bestimmen, innerhalb dessen sich die Geschichte Jesu an die alttestamentliche „Heilsgeschichte“ kontinuierlich anfügt, und auf deren Hintergrund auch mit Ostern keineswegs ein „Bruch“ festzustellen ist, sondern eine kontinuierliche Entwicklung vom Selbstzeugnis des irdischen Jesus hin zur Verkündigung der nachösterlichen Gemeinde.[24] Auch zu Hartmut Geses Konzept der „Traditionsgeschichte“ als „Offen-

---

[22] Ib.

[23] Siehe dazu OSCAR CULLMANN, *Heil als Geschichte. Heilsgeschichtliche Existenz im Neuen Testament,* Tübingen 1965, cf. id., Christus und die Zeit. Die urchristliche Zeit- und Geschichtsauffassung, Zürich ²1948. Eine umfassende Rekonstruktion des Konzepts Cullmanns bietet KARL-HEINZ SCHLAUDRAFF, *„Heil als Geschichte“? Die Frage nach dem heilsgeschichtlichen Denken, dargestellt anhand der Konzeption Oscar Cullmanns,* mit einem Vorwort von OSCAR CULLMANN, (BGBE 29), Tübingen 1988.

[24] Als ein Beispiel für die Parallelität von Ratzingers Konzept mit demjenigen Cullmanns sei etwa auf den Hinweis Ratzingers verwiesen, dass bereits Jesus selbst sein Wirken im Licht des vierten Gottesknechtsliedes (Jes

barungsgeschichte"[25] lassen sich inhaltliche Parallelen feststellen.[26] Es ist nicht überraschend, dass bei dem amtierenden Papst dieses Konzept bis in die katholische Traditionsentwicklung hinein weitergeführt wird. Wird damit – wie dem Konzept der „Heilsgeschichte" häufig vorgeworfen wurde – die Etablierung einer nur dem Glauben zugänglichen Geschichte neben der allgemein, und d.h. historisch-kritisch zugänglichen Historie vorgenommen? Offensichtlich ist Ratzinger bemüht, ein Auseinanderreißen von „Heilsgeschichte" und „Historie" zu vermeiden. Das wird deutlich, wenn er zunächst ausdrücklich darüber reflektiert, dass er in seinem Konzept von einer „christologischen Hermeneutik" ausgehe, die einen „Glaubensentscheid" voraussetze.[27] Dieser Glaubensentscheid lässt sich nach Ratzingers Auffassung aber auch *historisch* einsichtig machen, denn:

> „[D]ieser Glaubensentscheid trägt Vernunft – historische Vernunft – in sich und ermöglicht es, die innere Einheit der Schrift zu sehen und so auch ihre einzelnen Wegstücke neu zu verstehen, ohne ihnen ihre historische Originalität wegzunehmen."[28]

Es ist demnach auch *historisch* gesehen vernünftig, die Schrift von Jesus Christus her, mit einer „christologischen Hermeneutik" zu lesen. Der sich ergänzende Zusammenhang von „Hermeneutik des Glaubens" und „historischer Hermeneutik" entspricht offensichtlich der komplementären Einheit von Glaube und Vernunft. Die Perspektive des Glaubens hilft der historischen Vernunft gleichsam auf und führt sie zu einer vertieften Erkenntnis ihres eigenen Gegenstandes.

52,13-53,12) gedeutet habe, wozu er bemerkt: „Diese späte Prophetie ist der Deuteschlüssel, mit dem Jesus das Alte Testament öffnet; von ihr her wird er dann nach Ostern selbst der Schlüssel, um Gesetz und Propheten neu zu lesen" (RATZINGER, *Jesus II* [Anm. 4], 31, cf. CULLMANN, *Heil als Geschichte*, 167-214).

[25] Siehe etwa HARTMUT GESE, *Das biblische Schriftverständnis*, in: id., *Zur biblischen Theologie. Alttestamentliche Vorträge*, Tübingen [3]1989, 9-30, v.a. 14ss.

[26] Auf Gese weist Ratzinger gerade im Zusammenhang mit der Frage nach dem „Weltbild" hin, die – wie gesehen – für seine Methodenkritik eine wichtige Rolle spielt (RATZINGER, *Jesus II* [Anm. 4], 271, siehe dazu HARTMUT GESE, *Die Frage des Weltbildes*, in: id., *Zur biblischen Theologie* [Anm. 25], 202-222).

[27] Dass die „Heilsgeschichte" ihre Mitte von der Christusgeschichte aus erhält, betont auch CULLMANN, *Christus und die Zeit* (Anm. 23), 27.

[28] RATZINGER, *Jesus I* (Anm. 1), 18.

Was Ratzinger zunächst mit Blick auf den methodischen Zusammenhang von historischer Vernunft und der Perspektive des Glaubens ausgeführt hat, findet im Blick auf die zentrale *inhaltlich* bestimmte hermeneutische Frage seine Bestätigung. Diese formuliert Ratzinger als die Frage nach dem Zusammenhang zwischen dem „historischen Jesus“ und dem „Glaube[n] an seine Gottheit“. Der erste Band wird durch das Thema der „Gottheit“ Jesu gleichsam gerahmt. Hatte Ratzinger eingangs den christlichen Glauben als „Glaube an die Gottheit Jesu“ charakterisiert[29], so macht er im letzten Satz des Buches deutlich, dass sich damit keineswegs eine problematische „Hellenisierung“ des Christentums vollzogen habe. Das *Homoousios*, die Wesensgleichheit Jesu mit dem Vater, das das nizänische Glaubensbekenntnis festhält, habe

> „nicht den Glauben hellenisiert, ihn nicht mit einer fremden Philosophie befrachtet, sondern gerade das unvergleichlich Neue und Andere festgehalten, das in Jesu Reden mit dem Vater erschienen war. Im Bekenntnis von Nizäa sagt die Kirche immer neu mit Petrus zu Jesus: ‚Du bist Christus, der Sohn des lebendigen Gottes‘ (Mt 16,16).“[30]

Es ist sicherlich kein Zufall, dass Ratzinger hier ausgerechnet auf die matthäische Fassung des Petrusbekenntnisses hinweist, in deren Zusammenhang bekanntlich Petrus als „Fels, auf den ich meine ἐκκλησία bauen will“ (Mt 16,18), bezeichnet wird. In der Tat lässt sich an der Auslegung dieser Passage der Umgang Ratzingers mit den neutestamentlichen Texten besonders gut veranschaulichen. Entscheidend ist dabei, wie er den „historischen Jesus“ mit dem „Gottessohn“ verbindet: Das *Homoousios* bringt für ihn „das unvergleichlich Neue und Andere“ zum Ausdruck, „das in Jesu Reden mit dem Vater erschienen war“. In Jesu Verkündigung, in seinem Handeln und vor allem auch in seinem Gebet zum Vater wird für Ratzinger die Gottessohnschaft erkennbar. Dies ist, wie er eingangs erklärt hatte, der „Konstruktionspunkt“ seines Buches:

> „Er sieht Jesus von seiner Gemeinschaft mit dem Vater her, die die eigentliche Mitte seiner Persönlichkeit ist, ohne die man nichts verstehen kann und von der her er uns auch heute gegenwärtig wird.“[31]

---

29 RATZINGER, *Jesus I* (Anm. 1), 11.
30 RATZINGER, *Jesus I* (Anm. 1), 407.
31 RATZINGER, *Jesus I* (Anm. 1), 12.

Es bestätigt sich hier, was sich bereits bei der Wahl der „christologischen" Perspektive gezeigt hatte: Ratzinger hat ausdrücklich einen *historischen* Anhaltspunkt des nachösterlichen Christusglaubens benannt. Hatte er vorher erklärt, dass die historische Betrachtung nicht dazu in der Lage sei, vergangenes Geschehen gegenwärtig werden zu lassen, so wird dies nun von der „Gemeinschaft Jesu mit dem Vater" behauptet, die allerdings doch nicht anders als historisch – nämlich in der Betrachtung der Verkündigung Jesu, seines Handelns und seines Gebetes mit dem Vater – festgestellt wird.

Hermann Häring hat deshalb nicht zu Unrecht bemerkt, dass „das Kernanliegen des Buches von Widersprüchen durchzogen" sei.[32] Den Grundwiderspruch sieht Häring darin, dass Ratzinger einerseits historisch fragen möchte, sich aber andererseits den differenzierten Ergebnissen historisch-kritischer Forschung verschließe. Deshalb stellt Häring die Frage: „Wie also kann man historisch genau fragen, dem breiten Strom der Ergebnisse aber so fundamental misstrauen?"[33] Differenzierter ist die Problemanalyse, die Dieter Sänger vornimmt. Sänger macht darauf aufmerksam, dass Ratzinger in seiner Kritik an der historisch-kritischen Exegese „nicht ihre geschichtstheoretischen und erkenntnistheoretischen Implikationen", „wie vielleicht zu erwarten wäre", sondern „das Vertrauen in ihre Fähigkeit, zu leisten, was sie leisten soll", problematisiere: „den Texten theologisch gerecht zu werden und einen sachgemäßen Zugang zu ihnen zu eröffnen".[34] Damit wirft Sänger zumindest implizit die entscheidende Frage auf, um die es bei der Auseinandersetzung mit Ratzinger geht: Welche Funktion wird der wissenschaftlichen, durch die historisch-kritische Methode bestimmten Exegese hier zugeschrieben, was genau soll sie „theologisch leisten"? Was bedeutet es für das Verständnis der historisch-kritischen Methode, wenn diese ihre ausdrücklich hervorgehobene theologische Relevanz erst dadurch gewinnt, dass sie „in ein übergreifendes Konzept" integriert wird, „das über die pure Faktizität des einmal Gewesenen hinausführt und die Diastase von realer und erinnerter Geschichte, historischer und gegenwärti-

---

[32] HÄRING, *Jesus – logischer gemacht?* (Anm. 11), 114.
[33] Ib.
[34] SÄNGER, *Rehistorisierung der Christologie?* (Anm. 12), 112.

ger Wirklichkeit im Blick auf die Gestalt Jesu zu überwinden vermag"[35]? Jedenfalls geht es Ratzinger um eine Lösung jener Zentralfrage der Jesusforschung, die bereits Rudolf Bultmann als „die entscheidende Frage" für das Verständnis der Theologie des Neuen Testaments identifiziert hatte:

> „Er [sc. Jesus], früher der *Träger* der Botschaft, ist jetzt selbst in die Botschaft einbezogen worden, ist ihr wesentlicher *Inhalt. Aus dem Verkündiger ist der Verkündigte geworden* – aber in welchem Sinne? das ist die entscheidende Frage!"[36]

Hat die Jesusforschung diese Frage – in der Absetzung von der Phase des sogenannten „Second quest" – eine Zeit lang deutlich zurückgestellt, so hat sie in der neueren Forschung erneut an Bedeutung gewonnen und wird nun wieder ausdrücklich formuliert als die Frage, wie die Entwicklung „vom historischen Jesus zum kerygmatischen Gottessohn" zu verstehen sei.[37] Ratzingers Entwurf bietet insofern einen Lösungsversuch für ein Problem, das durchaus auch im Blickfeld der neueren wissenschaftlichen Jesusforschung liegt. Jens Schröter beschreibt seine Antwort zutreffend dahingehend, dass bei Ratzinger das „Vexierproblem der historisch-kritischen Jesusforschung – die Verhältnisbestimmung von ‚historischem Jesus' und ‚Christus des Glaubens' ... so gelöst [werde], dass beide Sichtweisen miteinander identifiziert werden".[38] Die zentrale Frage ist dabei, wie genau diese Identifizierung bei Ratzinger vorgenommen wird.

Insbesondere Ratzingers Beschreibung des Charakters der Evangelien, auf die er sich in seiner Jesusdarstellung notwendig

---

[35] So die Formulierung bei SÄNGER, *Rehistorisierung der Christologie?* (Anm. 12), 113.

[36] RUDOLF BULTMANN, *Theologie des Neuen Testaments*, 9. Auflage, ed. OTTO MERK, Tübingen [9]1984, 35.

[37] Cf. GERD THEISSEN, *Vom historischen Jesus zum kerygmatischen Gottessohn. Soziologische Rollenanalyse als Beitrag zum Verständnis neutestamentlicher Christologie*, EvTh 68 (2008), 285-304. THEISSEN stellt dabei auch dar, wie in der Phase des sogenannten „third quest" theologische Fragestellungen, wie die hier erörterte, bewusst in den Hintergrund gestellt wurden. Zur Sache siehe etwa JENS SCHRÖTER, *Jesus und die Anfänge der Christologie. Methodologische und exegetische Studien zu den Ursprüngen des christlichen Glaubens* (BThSt 47), Neukirchen-Vluyn 2001.

[38] JENS SCHRÖTER, *Die Offenbarung der Vernunft Gottes in der Welt. Zum Jesusbuch von Joseph Ratzinger*, in: SÖDING (ed.), Das Jesus-Buch des Papstes (Anm. 2), 121-133: 121s.

beziehen muss, ist vor dem Hintergrund der skizzierten hermeneutischen, oder besser: fundamentaltheologischen Grundentscheidungen zu verstehen. Hier liegt aus meiner Sicht der entscheidende Anknüpfungspunkt für eine exegetisch fundierte Auseinandersetzung mit Ratzingers Entwurf. So wird auch bei den Ausführungen zu den Evangelien die Einheit von „historischer Hermeneutik" und „Hermeneutik des Glaubens" direkt greifbar. Die Kritik an den für den gegenwärtigen Glauben destruktiven Rekonstruktionsversuchen des „historischen Jesus" läuft darauf hinaus, dass diese die Evangelien als zuverlässige „Quelle" zu wenig berücksichtigen. Dem setzt Ratzinger die Versicherung entgegen, er wolle

> „einmal den Versuch machen, den Jesus der Evangelien als den wirklichen Jesus, als den ‚historischen Jesus' im eigentlichen Sinn darzustellen. Ich bin überzeugt und hoffe, auch die Leser können sehen, dass diese Gestalt viel logischer und auch historisch betrachtet viel verständlicher ist als die Rekonstruktionen, mit denen wir in den letzten Jahren konfrontiert wurden. Ich denke, dass gerade dieser Jesus – der der Evangelien – eine historisch sinnvolle und stimmige Figur ist."[39]

Ratzingers Verständnis der Evangelien wird besonders deutlich an seinem Umgang mit dem Johannesevangelium, dem er als Quelle für die Beschreibung der Geschichte Jesu einen hohen Wert zuerkennt.[40] Diese Akzentsetzung wird im zweiten Band seiner Darstellung weitergeführt und vertieft, in dem johanneische Texte deutlich in den Vordergrund treten. Mit Kapiteln zur Fußwaschungserzählung (Joh 13; Kapitel 3) und zum „Hohepriesterlichen Gebet" Jesu (Joh 17; Kapitel 4), aber auch in den Ausführungen zum letzten Mahl Jesu (Kapitel 5) sowie zu Kreuzigung und Grablegung (Kapitel 8) sind es in erster Linie johanneische Texte, anhand derer er seine Darstellung entfaltet. Die Begründung dafür formuliert Ratzinger im ersten Band ausdrücklich. Hier begegnet einmal mehr der Zusammenhang von historischer Erkenntnis und glaubender Vernunft. So be-

---

[39] RATZINGER, *Jesus I* (Anm. 1), 20s.

[40] Dass die Verhältnisbestimmung zwischen Johannes und den Synoptikern in diesem Zusammenhang entscheidend ist, hat Jörg Frey mit Recht unterstrichen (FREY, *Historisch – kanonisch – kirchlich* [Anm. 11], 48-51).

merkt er in deutlicher Aufnahme seines Gedankens zu der durch die Inkarnation begründeten Notwendigkeit historischer Exegese:

> „Das Evangelium ist als solches ‚Erinnern', und das bedeutet: Es bleibt bei der geschehenen Wirklichkeit und ist nicht Jesus-Dichtung, nicht Vergewaltigung des historisch Geschehenen. Es zeigt uns vielmehr wirklich den, der Jesus war, und zeigt uns so gerade den, der nicht nur war, sondern ist; der immerfort im Präsens sagen kann: Ich bin. ‚Ehe Abraham wurde, *bin ich*' (Joh 8,58). Es zeigt uns den wirklichen Jesus, und wir dürfen es getrost als Quelle über Jesus benutzen."[41]

Die Evangelien werden von Ratzinger demnach als historische Quellen angesehen, zu denen es freilich einen durch den Glauben vermittelten Zugang gibt. Sie entwerfen aus der Sicht des Osterglaubens ein Bild von Jesus, das historisch vernünftig und einsichtig ist. Auf diese Weise bestätigen sie die Einheit von Glaube und (historischer) Vernunft. Diese Sicht versucht Ratzinger an den einzelnen Texten zu belegen.

2. Exegetische Weichenstellungen

Dem am Ende des ersten Bandes in Erinnerung gerufenen Petrusbekenntnis widmet Ratzinger einen wichtigen Abschnitt innerhalb des neunten Kapitels[42], für den vor allem die Hinweise zur entsprechenden Passage im Matthäusevangelium (Mt 16,13-20) aufschlussreich sind. Sie sind eingebettet in grundsätzliche Ausführungen zur Jüngerthematik, die Ratzinger in einer charakteristischen Weise mit dem „Konstruktionspunkt" seiner Darstellung verbindet. Die Jünger – das ist für Ratzinger zentral – haben nicht erst nach Ostern, sondern bereits zu seinen Lebzeiten etwas von der Wirklichkeit Jesu zu sehen bekommen, was ihnen nach Ostern in ihrer ganzen Tiefe erschlossen wird. Den Hinweis in Lk 9,18, dass die Jünger bei ihm gewesen seien, „während er allein war beim Beten", interpretiert Ratzinger mit den Worten:

---

[41] RATZINGER, *Jesus I* (Anm. 1), 277.
[42] RATZINGER, *Jesus I* (Anm. 1), 334-352.

„Die Jünger werden in sein Alleinsein, in sein ihm ganz vorbehaltenes Mitsein mit dem Vater hineingenommen. Sie dürfen ihn als den sehen, der – wie wir es am Anfang dieses Buches bedacht haben – mit dem Vater von Gesicht zu Gesicht, von Du zu Du redet. Sie dürfen ihn in seinem Eigenen, in seinem Sohnsein sehen – an jenem Punkt, aus dem all seine Worte, seine Taten, seine Vollmachten kommen."[43]

Insbesondere an der Gestalt des Petrus versucht Ratzinger im Folgenden seine These einer nahezu bruchlosen Kontinuität zwischen dem von den Jüngern bereits zu Lebzeiten Jesu von ihm Erkannten und ihrer nachösterlichen Erkenntnis zu begründen. Er wendet sich kritisch gegen die These Pierre Grelots, wonach zwischen der markinischen Fassung des Petrusbekentnnisses („Du bist der Christus", Mk 8,29) und der matthäischen Version („Du bist der Christus, der Sohn des lebendigen Gottes", Mt 16,16) eine deutliche Spannung festzustellen sei. Grelot hatte behauptet, dass das bei Markus wiedergegebene Bekenntnis im Rahmen der zeitgenössischen (politischen) Messiasvorstellungen bleibe, während erst Matthäus den Petrus ein volles christliches Bekenntnis formulieren lasse, das als nachösterlich aufzufassen sei.[44] Ratzinger kritisiert vor allem die daraus von Grelot gezogene Konsequenz, wonach das Verheißungswort in Mt 16,17, nach dem „nicht Fleisch und Blut, sondern mein Vater im Himmel" dem Petrus die Christuserkenntnis offenbart hat, die Offenbarung an Petrus „in strenger Parallele zu dem Auftrag ..., den Paulus vom erhöhten Herrn erhielt" (Gal 1,11f.15f.) darstelle. Diese Parallelisierung ist für Ratzinger offensichtlich deshalb problematisch, weil sich an

[43] RATZINGER, *Jesus I* (Anm. 1), 337s.

[44] PIERRE GRELOT, *Les Paroles de Jésus Christ. Introduction à la Bible* (Nouveau Testament 7), Paris 1986, 174-205: 185: „Chez Matthieu, la formulation de la foi de Pierre est le prototype de la foi chrétienne avec sa plénitude post-pascale." Grelot erwägt gleichwohl, dass Matthäus dabei eine ältere Tradition aufgenommen habe, nimmt aber an, dass auch diese nachösterlich sei (*ib.* 184). Die Frage nach der nachösterlichen Herkunft des matthäischen Petrusbekenntnisses war in der älteren Forschung etwa bereits zwischen Cullmann und Bultmann diskutiert worden, cf. OSCAR CULLMANN, *Petrus, Werkzeug des Teufels und Werkzeug Gottes*, in: id., *Gesammelte Aufsätze 1952-1962*, ed. KARLFRIED FRÖHLICH, Tübingen/Zürich 1966, 202-213; RUDOLF BULTMANN, *Die Frage nach der Echtheit von Mt 16,17-19*, in: id., Exegetica. Aufsätze zur Erforschung des Neuen Testaments, ed. ERICH DINKLER, Tübingen 1967, 255-277.

Paulus nicht die Kontinuität zwischen der in der Gemeinschaft mit dem irdischen Jesus gewonnenen Erkenntnis und dem nachösterlichen Christusbekenntnis aufzeigen lässt. Deshalb nimmt er eine ausdrückliche Abwertung des Paulus gegenüber Petrus vor. Gerade in dem Unterschied zwischen Petrus und Paulus werde „die unverzichtbare Bedeutung des geschichtlichen Jesus, seiner Verkündigung und seiner Entscheidungen sichtbar“[45]. Zwar habe der Auferstandene „Paulus berufen und ihm damit seine eigene Autorität und seinen eigenen Auftrag gegeben“, aber:

> „der Auferstandene ist der, der vorher die Zwölf erwählt hatte, der Petrus mit einem besonderen Auftrag betreut hatte, der mit ihnen nach Jerusalem gegangen war, dort den Tod am Kreuz erlitten hatte und am dritten Tag auferstanden war. Für diesen Zusammenhang bürgen die Erst-Apostel (Apg 1,21f), und von diesem Zusammenhang her ist der Auftrag an Petrus nun eben doch grundsätzlich unterschieden vom Auftrag an Paulus“.[46]

An dieser Stelle wird exemplarisch deutlich, wie Ratzinger die unterschiedlichen Traditionen des Neuen Testaments harmonisierend in eins setzt. Das Petrus-Bekenntnis belegt für ihn, dass Petrus bereits zu seinen Lebzeiten Jesus als Gottessohn erkannt und dies auch bekannt habe. Zwar weist er darauf hin, dass Petrus nach der Auferstehung auch die erste Erscheinung des Auferstandenen hatte (1Kor 15,3; Lk 24,34), darin erschöpft sich für ihn aber gerade nicht dessen Bedeutung als Erstapostel. Zugespitzt formuliert: An Ostern erkennt Petrus nichts grundlegend Neues, sondern es wird lediglich vertieft, was er bereits vorher erkennen durfte. Um den damit verbundenen Vorrang des Petrus vor Paulus deutlich zu machen, rekurriert Ratzinger auf die lukanische Apostelvorstellung, wie er sie in Apg 1,21f. beschrieben sieht.

Ratzinger weist mit Recht darauf hin, dass die verschiedenen Fassungen des Petrusbekenntnisses nicht notwendig einen Widerspruch darstellen müssen. Durch seine Einebnung der verschiedenen Traditionskontexte verdeckt er aber gerade den Interpretationsprozess, den die unterschiedlichen Evangelien auf ihre je eigene Weise erkennen lassen. Es lässt sich zeigen, dass

---

[45] RATZINGER, *Jesus I* (Anm. 1), 343.
[46] RATZINGER, *Jesus I* (Anm. 1), 344.

für Markus das Bekenntnis, das Petrus ausspricht, nicht einfach unzutreffend ist. Dennoch signalisiert das älteste Evangelium, dass Petrus zumindest subjektiv hinter dem zurückbleibt, worin Jesu eigentliche Bedeutung liegt: Er begreift nicht, dass der Weg des Messias notwendig den Weg in das Leiden impliziert (Mk 8,31-33), ein Wissen, das für die Leser des Markusevangeliums aber vorausgesetzt wird. Nur für sie – die Leser – gewinnt das Petrusbekenntnis seinen vollen Klang. Auf diese Weise gestaltet Markus eine vielschichtige Erzählung, mit der er kenntlich macht, dass es Christuserkenntnis erst vom Kreuz her gibt (Mk 15,39) und die Geschichte Jesu deshalb erst verstanden werden kann, wenn sie als die Geschichte des Gekreuzigten gelesen wird (Mk 16,6).[47] Das sogenannte „Messiasgeheimnis"-Motiv zeigt, dass gerade Markus über die Situation der Jünger vor Ostern reflektiert. Vor Ostern gibt es für ihn gerade keinen Glauben, sondern die Jünger bleiben genau so unverständig und verschlossen für die Wirklichkeit Gottes in der Person Jesu wie die anderen Menschen auch (cf. Mk 4,40; 6,52; 8,17 mit 3,5; 4,10-12).

[47] Der Verfasser des Markusevangeliums gibt deutliche Signale dafür, dass er seine Erzählung in diesem Sinne verstanden wissen möchte. Den Lesern wird Jesus von Anfang an als der „Sohn Gottes" vor Augen gestellt, so bereits in der (textkritisch umstrittenen) Überschrift Mk 1,1, dann aber auch nach der Taufe Jesu (1,11) sowie auf dem Berg der Verklärung (9,7). Innerhalb des Evangeliums ist es dann der Hauptmann unter dem Kreuz, der Jesus als Erster als „Sohn Gottes" bekennt (Mk 15,39). Erkenntnis Jesu als Sohn Gottes gibt es demnach für Markus allein vom Kreuz her. Es ist deshalb sicherlich kein Zufall, dass die Frauen am Grab dezidiert auf Jesus, „den Gekreuzigten" verwiesen werden (16,6). Die Ankündigung, dass der auferstandene Jesus ihnen in Galiläa vorausgehen werde (16,7), ist als Lektürehinweis zu verstehen: Die Leserinnen und Leser sollen die Geschichte Jesu, die in Mk 1 in Galiläa beginnt, im Lichte von Kreuz und Auferstehung lesen. Indem sie von diesen Ereignissen herkommen, haben sie den Jüngern etwas Entscheidendes voraus. Das abrupt wirkende Ende des Markusevangeliums ist demnach als ein bewusstes leserlenkendes Signal zu verstehen (cf. JOACHIM GNILKA, *Das Evangelium nach Markus* [EKK II/1], Zürich [3]1989, 170). Ratzinger verkennt die Pointe des ursprünglichen Markusschlusses mit Mk 16,8 und erklärt deshalb: „Es ist unmöglich, dass das Evangelium mit den daran [sc. an Mk 16,7] anschließenden Worten vom Schweigen der Frauen geendet hätte: Es setzt ja die Mitteilung ihrer Begegnung voraus. Und es weiß offensichtlich um die Erscheinungen an Petrus und an die Zwölf, von der der wesentlich ältere Bericht des Ersten Korinther-Briefs handelt" (RATZINGER, *Jesus II* [Anm. 4], 287).

Freilich findet sich diese Akzentuierung im Matthäusevangelium nicht in derselben Weise. Wenn Matthäus den markinischen Text in den entsprechenden Passagen – insbesondere in den Erzählungen von der Sturmstillung (Mk 4,35-41/Mt 8,23-27) und vom Seewandel Jesu (Mk 6,45-52/Mt 14,22-33) – ändert[48], dann tut er dies aber kaum deshalb, um zu betonen, dass *Petrus* bereits eine vorösterliche Christuserkenntnis hatte. Vielmehr ist sein Blick ganz auf *die Gemeinde* gerichtet, der er in ihrer Situation verdeutlichen will, wer Jesus für sie, in ihrer nachösterlichen Situation ist. Deutlich wird dies an dem im Neuen Testament beinahe ausschließlich bei Matthäus begegnenden Motiv des „Kleinglaubens", das er in beiden Erzählungen redaktionell einfügt (Mt 8,26; 14,31).[49] Denn was hier über den „Kleinglauben" gesagt wird, hat die Situation der nachösterlichen Gemeinde im Blick, die sich bereits in der durch den Christusglauben bestimmten Nachfolgesituation befindet. Auf diesem Weg möchte Matthäus seine Gemeinde stärken. Natürlich unterstreicht auch Matthäus durch die Tatsache, dass er seine Botschaft in der Erzählung der Geschichte des *irdischen* Jesus erzählt, dass dieser nicht erst nach, sondern bereits *vor* Ostern der „Herr" (ὁ κύριος, Mt 8,25) und der „Sohn Gottes" (θεοῦ υἱός, Mt 14,33) ist. Er reflektiert aber nicht in derselben Weise wie Markus über die vorösterliche Situation der Jünger, son-

---

[48] Am markantesten ist, dass bei Matthäus Jüngerschelte und Wunderhandlung gegenüber Markus umgestellt sind: Jesus fragt die Jünger zuerst: „Was seid ihr furchtsam, ihr Kleingläubigen?" (Mt 8,26), dann stillt er den Sturm. Das Wunder soll demnach die Überwindung der „Kleingläubigkeit" bewirken, während es bei Markus den fehlenden Glauben der Jünger demonstriert. Auffällig ist auch, dass die Jünger Jesus bei Matthäus mit dem Hoheitstitel κύριος ansprechen (8,25). Dem entspricht, dass die Jünger nach dem Seewandel Jesu ihn als Sohn Gottes bekennen (14,33), während Markus am Ende der Erzählung festhält, dass die Jünger immer noch nicht verstanden haben (Mk 6,52). In die Erzählung vom Seewandel Jesu hat Matthäus zudem die Episode vom „sinkenden Petrus" eingefügt (Mt 14,28-31). An ihm wird das Problem des „Kleinglaubens" und dessen Überwindung exemplarisch dargestellt.

[49] Grundlegende Beobachtungen zur redaktionellen Bearbeitung der Sturmstillungserzählung bei Matthäus finden sich bereits bei GÜNTHER BORNKAMM, *Die Sturmstillung im Matthäus-Evangelium*, in: id., Studien zum Matthäus-Evangelium, ed. WERNER ZAGER (WMANT 125), Neukirchen-Vluyn 2009, 73-78.

dern blendet die Situation seiner Gemeinde ganz bewusst in seine Erzählung der Jesus-Geschichte ein. Ratzinger trägt demnach die Markus beschäftigende Frage nach der vorösterlichen Erkenntnis in den matthäischen Text ein, wenn er Mt 14,22-33 mit den Worten kommentiert:

> „In solchen und ähnlichen Erfahrungen, die sich durch die Evangelien hindurchziehen, findet das Petrusbekenntnis von Matthäus 16,16 seine klare Grundlage. In Jesus war in verschiedenen Weisen den Jüngern immer wieder die Gegenwart des lebendigen Gottes selbst spürbar geworden."[50]

Zudem gerät diese Auslegung in eine deutliche Spannung zum Gesamtkontext des Matthäusevangeliums. Weshalb sollte der Verfasser in Mt 16,13-20 *historisch-chronologisch* herausstreichen, dass *Petrus* Jesus vor Cäsarea Philippi als „Sohn Gottes" erkannt hat, wenn dieses Bekenntnis bereits zuvor – in Mt 14,33 – von *allen* Jüngern formuliert worden war?

Auch die Abwertung der Bedeutung des Paulus gegenüber derjenigen des Petrus ist weder im Blick auf die lukanische Apostelvorstellung, die in Apg 1,21f. in der Tat greifbar wird, noch im Blick auf die Aussagen der Paulus-Briefe selbst überzeugend.

Für Lukas lässt sich darauf hinweisen, dass hier neben dem Begriff des „Apostels" der Begriff des „Zeugen" steht, der für den Verfasser des Doppelwerkes die entscheidende Qualifikation darstellt.[51] Wenn Lukas diese Bezeichnung dezidiert auch auf Paulus anwendet (Apg 22,15; 26,16), dann zeigt sich darin, dass er gerade keine Abwertung seiner Funktion gegenüber derjenigen des Zwölferkreises vornimmt.[52] Vielmehr stellt er – wie Christoph Burchard überzeugend gezeigt hat – Paulus als „dreizehnten Zeugen" den Aposteln an die Seite.[53] Der Verfasser des Doppelwerkes lässt zudem keinen Zweifel daran, dass auch die

---

[50] RATZINGER, *Jesus I* (Anm. 1), 348s.

[51] Siehe dazu JOHANNES BEUTLER, *Art.* μάρτυς, EWNT II, 969-973, 971-973.

[52] In diese Richtung ging etwa noch die Auslegung von GÜNTER KLEIN, *Die zwölf Apostel. Ursprung und Gehalt einer Idee* (FRLANT 77), Göttingen 1961.

[53] CHRISTOPH BURCHARD, *Der dreizehnte Zeuge. Traditions- und kompositionsgeschichtliche Untersuchungen zu Lukas' Darstellung der Frühzeit des Paulus* (FRLANT 103), Göttingen 1970, 135s.

Apostel – die für ihn in der Tat entscheidend dadurch ausgezeichnet sind, dass sie Begleiter des irdischen Jesus waren – erst nach Ostern „die das Reich Gottes betreffenden Dinge“ vom Auferstandenen erschlossen bekommen (Apg 1,3), weshalb der Zeitraum, in dem sie Jesu Begleiter gewesen sein müssen, eben nicht nur die Zeit seines irdischen Wirkens, sondern nach Apg 1,21f. gerade auch die Ostererscheinungen umfasst.

Kritisch zu hinterfragen ist aber vor allem Ratzingers Auslegung der Äußerungen des Paulus im Galaterbrief. Hierzu formuliert er:

> „Gerade in der leidenschaftlichen Apologie des Galater-Briefes setzt er [sc. Paulus] den besonderen Auftrag des Petrus ganz klar voraus; dieser Primat ist wirklich durch die ganze Breite der Überlieferung in allen unterschiedlichen Traditionssträngen belegt. Ihn lediglich [sic !] auf eine persönliche Ostererscheinung zurückzuführen und damit in eine vollkommene Parallele zu der Sendung des Petrus zu setzen, geht vom neutestamentlichen Befund her schlechterdings nicht an.“[54]

Paulus selbst unterstreicht im Galaterbrief allerdings ausdrücklich, dass er nach der Erscheinung vor Damaskus gerade *nicht* nach Jerusalem gegangen sei (Gal 1,17). Vielmehr stellt er in Gal 1,18 ausdrücklich fest, dass er erst drei Jahre später dorthin gegangen sei, und zwar mit dem einzigen Ziel, Petrus kennenzulernen – und nicht etwa, um seine Verkündigung durch ihn legitimieren zu lassen.[55] Selbst wenn man an dieser Stelle anders auslegen wollte[56], lässt sich doch kaum bestreiten, dass die Gesamtargumentation des Galaterbriefes stringent darauf ausgerichtet ist, dass sich das Evangelium, das Paulus verkündigt, keinem Menschen – und also auch nicht dem Petrus! – verdankt, sondern Gott selbst (Gal 1,1). Und auch das sogenannte „Apostelkonzil“ in Jerusalem, von dem Paulus in Gal 2,1-10 spricht, geschieht nicht mit dem Ziel, die paulinische Mission der petrinischen Verkündigung unterzuordnen, sondern dient zur Feststellung der *gemeinsamen* Grundlage: dem

---

[54] RATZINGER, *Jesus I* (Anm. 1), 344.

[55] Siehe dazu OTFRIED HOFIUS, *Gal 1,18:* ἱστορῆσαι Κηφᾶν, in: *ib.*, *Paulusstudien* (WUNT 51), Tübingen ^{2}1994, 255-267.

[56] Cf. etwa JAMES D.G. DUNN, *once again:* ἱστορῆσαι Κηφᾶν, *in reply to Otfried Hofius,* ZNW 76 (1985), 138s.

Evangelium, das an Juden und Heiden verkündigt wird (Gal 2,7).[57] Auf eben dieses Evangelium sind nach paulinischer Auffassung ebenso er selbst (Gal 1,8f.) wie auch Petrus verpflichtet, ihrer beider Verkündigung steht unter diesem Kriterium, wie sich an der im Anschluss berichteten Auseinandersetzung beim „Antiochenischen Zwischenfall" zeigt (Gal 2,14). Paulus lässt demnach an keiner Stelle erkennen, dass er Petrus aufgrund der Tatsache, dass er Begleiter des irdischen Jesus war, einen sachlichen Vorrang zuerkennt. Für Paulus sind – wie für Lukas und die übrigen Evangelisten – die Ostererscheinungen das Entscheidende. In ihnen liegt der Ursprung der christlichen Theologie, wie die Argumentation in 1Kor 15,3ff. und die alte Ostertradition in Lk 24,34 nachdrücklich unterstreichen.

Natürlich sind all diese Fragen in der Auslegung umstritten. Kaum von der Hand zu weisen ist allerdings, dass bei Ratzinger eine Einebnung der Einzeltexte zugunsten des „übergreifenden Gesamtkonzepts" stattfindet. Die Stringenz, mit der er dieses Gesamtkonzept an den Einzeltexten aufzuzeigen versucht, verleiht seiner Darstellung eine bemerkenswerte Geschlossenheit. Sein Umgang mit den neutestamentlichen Texten lässt aber auch deutlich vor Augen treten, was für die Interpretation der neutestamentlichen Texte verloren geht, wenn die historisch-kritische Betrachtung im Vollzug zurückgestellt wird, auch wenn ihre Bedeutung zuvor grundsätzlich theologisch legitimiert worden war. Die unterschiedlichen Gemeindekontexte, in denen das Zeugnis von Jesus Christus immer wieder neu zur Sprache gebracht werden musste, kommen bei Ratzinger gerade nicht in den Blick. Damit aber bleibt die interpretatorische Kraft der unterschiedlichen Erzählungen der

---

[57] Die Auslegung von UDO SCHNELLE, *Paulus. Leben und Denken*, Berlin/New York 2003, 122-125, wonach in Gal 2,7 mit den Formulierungen εὐαγγέλιον τῆς ἀκροβυστίας und εὐαγγέλιον τῆς περιτομῆς *nicht* das *eine* Evangelium, das Petrus wie Paulus verkündigen, gemeint sei, hat m.E. den Argumentationskontext das Galaterbriefes gegen sich. Hier geht es Paulus doch gerade darum, die grundlegende Übereinstimmung zu benennen, die im Bezug auf das Evangelium besteht. Auf diese Weise bereitet Paulus seinen Hinweis vor, dass Petrus in Antiochien sich nicht gemäß der „Wahrheit des Evangeliums" verhalten habe (2,14). Er kann damit einsichtig machen, dass Petrus sich durch sein Verhalten in einen Selbstwiderspruch begibt.

Jesusgeschichte, die die Evangelien bieten, theologisch unerschlossen. Auf diesen Punkt wird am Ende unserer Überlegungen noch einmal einzugehen sein.

Es ist deutlich geworden, dass die entscheidenden Weichenstellungen sowohl grundsätzlicher Art als auch in der Besprechung von Einzeltexten im ersten Band der Jesus-Darstellung Ratzingers erfolgen. Ein Blick auf den zweiten Band zeigt, dass die im ersten Band scharf gezogenen Konturen deutlich weniger profiliert werden. Auf die historische Frage geht Ratzinger hier vor allem in seinem Kapitel zum letzten Mahl Jesu ein, in dem er – wie bereits erwähnt – vor allem auf das Johannesevangelium rekurriert. Hier wird sein Umgang mit den Evangelien als „historischer Quelle" noch einmal in anschaulicher Weise greifbar.

Im Hintergrund steht die im ersten Band getroffene Grundentscheidung, dass es „auch und gerade beim heutigen Forschungsstand" möglich sei, den Zebedaiden Johannes als Verfasser des Johannesevangeliums aufzufassen und damit in ihm „jenen Zeugen zu sehen, der feierlich für seine Augenzeugenschaft eintritt [19,35] und sich damit als der wahre Autor des Evangeliums identifiziert".[58] Das Johannesevangelium geht nach Ratzingers Auffassung demnach auf einen direkten Jünger Jesu, einen Augenzeugen, zurück. An seiner Figur lässt sich deshalb der über die Jünger vermittelte historische „Konstruktionspunkt" der Jesus-Darstellung Ratzingers exemplarisch verdeutlichen. Es sei an dieser Stelle nur am Rande notiert, dass Ratzinger damit eine ganze Reihe historischer Hypothesen aufnimmt, denen er für seine Argumentation entscheidendes Gewicht zuerkennt.[59] An dieser Stelle traut er der historischen Forschung, zu deren genuinen Themen die sogenannten „Einleitungsfragen" gehören, keineswegs wenig, sondern im Gegenteil sehr viel zu! Für die Ausführungen zum Abendmahl ist diese Grundentscheidung deshalb wichtig, weil Ratzinger in der johanneischen Datierung der Passionsereignisse, in der der Verfasser des vierten Evangeliums bekanntlich von der Darstellung

---

[58] RATZINGER, *Jesus I* (Anm. 1), 267.

[59] FREY, *Historisch – kanonisch – kirchlich* (Anm. 11), 49 bemerkt mit Recht, dass sich „diese Überlegungen … lediglich auf dem Boden vager Möglichkeiten, die textlich kaum zu belegen sind", bewegen.

der Synoptiker abweicht, die historisch authentische Angabe erblickt. Auch hierfür kann er sich auf Positionen aus der gegenwärtigen Forschung berufen. Der entscheidende Unterschied zwischen Johannes und den Synoptikern besteht bekanntlich darin, dass das letzte Mahl bei diesen ein Passamahl ist, während nach Johannes der Prozess Jesu am Passarüsttag – einen Tag vor dem Passafest – stattfindet (cf. Joh 18,28; 19,14). Das Mahl, von dem Johannes in Kapitel 13 erzählt, findet demnach vor dem Passafest statt (Joh 13,1f.). Ratzinger fasst völlig zutreffend die Pointe der johanneischen Chronologie zusammen: „Bei dieser Chronologie stirbt Jesus zu der Zeit, zu der im Tempel die Pascha-Lämmer geschlachtet werden. Er stirbt als das wirkliche, in den Lämmern nur vorgeahnte Lamm."[60] Wieder erfolgt die entscheidende Weichenstellung in Ratzingers Argumentation dadurch, dass er diese Angabe für *historisch* authentisch erklärt. Im Anschluss an Überlegungen von John P. Meier[61] kommt Ratzinger zu dem Ergebnis:

> „Das bedeutet, dass Jesus gestorben ist zu der Stunde, zu der im Tempel die Pascha-Lämmer geschlachtet wurden. Dass die Christen darin später mehr als einen Zufall erblickten, dass sie Jesus als das wahre Lamm erkannten, dass sie den Ritus der Lämmer gerade so zu seinem wirklichen Sinn geführt fanden – das ist dann nur normal."[62]

Ratzinger spielt damit auf die Passa-Motivik im vierten Evangelium an, die sich an mehreren Stellen beobachten lässt. So dürfte der Hinweis in Joh 19,33, dass die Soldaten dem gekreuzigten Jesus die Beine nicht brechen, eine Anspielung auf Ex 12,46 sein, wo über das Passalamm gesagt wird: „... ihr sollt kein Bein an ihm zerbrechen". Otfried Hofius sieht diesen Hinweis im Zusammenhang der Sühnevorstellung, die bereits zu Beginn des Evangeliums mit der zweimaligen Bezeichnung Jesu als „Lamm" (Joh 1,29.36) aufgerufen wird.[63] Freilich ist in der Johannesforschung heftig umstritten, inwieweit die Sühnevor-

---

[60] RATZINGER, *Jesus II* (Anm. 4), 128.
[61] JOHN P. MEIER, *A Marginal Jew. Rethinking the Historical Jesus I-III* (The Anchor Bible Reference Library), New York 1991.1994.2001.
[62] RATZINGER, *Jesus II* (Anm. 4), 132.
[63] OTFRIED HOFIUS, *Art. Sühne IV. Neues Testament*, TRE 32 (2001), 342-347, 345.

stellung hier eine zentrale Rolle spielt.[64] Nimmt man aber – wie Ratzinger es auch tut – an, dass Johannes die „Passalamm-Motivik" im Blick hat, dann legt es sich nahe, in der Chronologie, die Johannes von den Passionsereignissen wiedergibt, eine bewusste theologische Akzentsetzung zu erblicken: Johannes interpretiert den Tod Jesu, wie Ratzinger mit Recht herausstellt, als den Tod des eschatologischen Passalammes. Entscheidend ist, dass für Ratzinger diese theologische Deutung im historischen Ablauf der Ereignisse selbst angelegt ist.[65] Die Deutung, die die Jünger vom letzten Mahl Jesu vornehmen – das bei Johannes *notabene* nicht ausdrücklich als Abendmahl dargestellt wird – ergibt sich demnach aus dem historischen Ereigniszusammenhang selbst. Wieder ist das Ineinandergreifen von historischer Erkenntnis und glaubendem Verstehen in bemerkenswerter Konsequenz durchgeführt, auch wenn es dazu einer ganzen Reihe von historischen Hypothesen bedarf, die Ratzinger immerhin offenlegt.

Indessen lässt sich für den Verfasser des Johannesevangeliums kaum bestreiten, dass gerade er darum weiß, dass er die Geschichte Jesu narrativ transzendieren muss, um seinen Leserinnen und Lesern vor Augen stellen zu können, dass diese Geschichte die irdische Geschichte des inkarnierten Logos ist, wie Joh 1,14 am Beginn des Evangeliums programmatisch verkündigt. Der freie Umgang mit der synoptischen Tradition belegt, dass Johannes nicht primär an der historischen Frage gelegen ist, sondern er eine bewusst *theologisch* konstruierte Erzählung gestaltet. Ratzinger wirft mit Recht die Frage auf, inwiefern gerade in dieser theologischen Erzählung die Wirklichkeit des *irdischen* Jesus zur Geltung gebracht werden soll. Ihm liegt aber daran – ganz im Duktus seiner Konzeption – die Einheit von

[64] Kritisch dazu etwa CHRISTIAN DIETZFELBINGER, *Das Evangelium nach Johannes, Teilband 1: Johannes 1-12* (ZBK 4.1), Zürich ²2004, 53.

[65] Darauf weist Ratzinger bereits zu Beginn des zweiten Bandes hin, wenn er bemerkt: „Während die Exegese bis vor Kurzem mehrheitlich davon ausging, dass die Datierung des heiligen Johannes ‚theologisch' und nicht biographisch-chronologisch exakt sei, sieht man heute immer deutlicher die Gründe, die für eine auch chronologisch exakte Datierung seitens des vierten Evangelisten sprechen, der sich hier wie auch sonst bei aller theologischen Durchdringung des Stoffes sehr genau über Zeiten, Orte und Abläufe informiert zeigt" (RATZINGER, *Jesus II* [Anm. 4], 32s.).

historischer und theologischer Konstruktion zu wahren. Die literarhistorischen Fragestellungen werden von ihm dabei deutlich heruntergespielt. Gerade hier aber wäre die theologisch bedeutsame Interpretationsleistung der neutestamentlichen Autoren zu entdecken, in der sich zeigt, dass sie zur Geschichte Jesu einen dezidiert *theologischen* Zugang wählen.[66]

Auch wenn die historische Thematik damit im zweiten Band noch einmal an einer zentralen Stelle auftaucht, tritt sie doch deutlich in den Hintergrund der Darstellung. Viele Passagen begnügen sich mit einer Auslegung ausgewählter Texte, wobei deren Auswahl nicht wirklich begründet wird. Besonders gespannt ist man nach den bis hierher gesetzten Akzenten auf das Kapitel zur Auferstehung Jesu. Hier aber wird man, so jedenfalls ist mein Eindruck, dann doch überrascht. Zunächst erklärt Ratzinger programmatisch: „Der christliche Glaube steht und fällt mit der Wahrheit des Zeugnisses, dass Christus von den Toten auferstanden ist."[67] Was diese Feststellung für Ratzinger bedeutet, wird in der Fortführung deutlich. Ratzinger betont völlig zu Recht, dass die gesamte Sicht auf die Gestalt Jesu an dem Verständnis seiner Auferstehung hängt. Es hat deshalb weitreichende Konsequenzen, wenn man diese aus der Reihe der christlichen Vorstellungen wegnähme. Die Konsequenz, die Ratzinger benennt, scheint in der Tat unausweichlich:

> „Dann war Jesus eine religiöse Persönlichkeit, die gescheitert ist; die auch in ihrem Scheitern groß bleibt, uns zum Nachdenken zwingen kann. Aber er bleibt dann im rein Menschlichen, und seine Autorität reicht so weit, wie uns seine Botschaft einsichtig ist. Er ist kein Maßstab mehr; der Maßstab ist dann nur noch unser eigenes Urteil, das von seinem Erbe auswählt, was uns hilfreich erscheint. Und das bedeutet: Dann sind wir alleingelassen. Unser eigenes Urteil ist die letzte Instanz. Nur wenn Jesus auf-

---

[66] Dass der Verfasser des Johannesevangeliums über den nachösterlichen Zugang zur Geschichte des irdischen Jesus eigens reflektiert, ließe sich an den sogenannten „Parakletsprüchen" (Joh 14,16s.; 14,25s.; 15,26s.; 16,7-11; 16,12-15) aufzeigen. So wird in Joh 14,26 die Aussage formuliert, dass der Geist die Jünger nach Ostern an alles erinnern wird, was Jesus ihnen gesagt hat. Dies aber ist für Johannes in erster Linie das Selbstzeugnis Jesu, das die Jünger erst nach Ostern begreifen werden. Deshalb heißt es in 16,12s., dass die Jünger das von Jesus Gesagte jetzt – vor Kreuz und Auferstehung – noch nicht erfassen können, sondern erst durch das nachösterliche Kommen des Geistes „in die ganze Wahrheit" geführt werden.

[67] RATZINGER, *Jesus II* (Anm. 4), 266.

> erstanden ist, ist wirklich Neues geschehen, das die Welt und die Situation des Menschen verändert. Dann wird er der Maßstab, auf den wir uns verlassen können. Dann hat Gott sich wirklich gezeigt."[68]

Die letzten Sätze lassen erkennen, dass es Ratzinger an dieser Stelle erneut um die Überwindung eines religiösen Subjektivismus geht, für den Gott nichts anderes als eine menschliche Vorstellung ist, von dem aus aber kein dem Menschen externes Handeln Gottes gedacht werden kann. Diesen Aspekt hatte Ratzinger im ersten Band seiner Darstellung direkt mit der historischen Fragestellung verbunden. In diesem Sinne hatte er dort „den ‚historischen Jesus' im eigentlichen Sinn" als den *wirklichen* Jesus bezeichnet.[69] Im Blick auf das Auferstehungszeugnis rückt er nun aber ins Bewusstsein, „dass dieses Zeugnis, historisch betrachtet, uns in besonders komplexer Form entgegentritt und viele Fragen aufwirft"[70]. Den Ertrag seiner Überlegungen zum Ereignischarakter der Auferstehung fasst Ratzinger schließlich in dem Satz zusammen: „Sie ist ein Ereignis in der Geschichte, das doch den Raum der Geschichte sprengt und über sie hinausreicht."[71] An dieser Stelle benennt Ratzinger damit aber in einem noch einmal ganz anderen Sinne als vorher die *Grenzen* der historischen Betrachtung. Er erliegt gerade nicht der Gefahr, auch die Auferstehung „heilsgeschichtlich" einzuordnen und als ein Ereignis zu begreifen, das – aus der Perspektive des christlichen Glaubens – genau so „historisch plausibel" wäre wie andere historische Ereignisse. Damit aber bricht er an dieser Stelle seinen eigenen Ansatz gleichsam von innen her auf. Denn wenn man Ratzinger darin folgt, dass mit dem Ereignis der Auferstehung über die *gesamte* Geschichte Jesu entschieden wird, dann folgt daraus konsequent, dass die Erkenntnis der Person Jesu *insgesamt* die Grenzen der historischen Wahrnehmung sprengt. Dass Jesus nicht nur „war", sondern auch „*ist*"[72], das lässt sich dann nicht dadurch zeigen, dass in seiner vermeintlich historisch rekonstruierten Verkündigung „Anhaltspunkte" für die nachösterliche Christologie aufgezeigt

---

68 RATZINGER, *Jesus II* (Anm. 4), 266s.
69 RATZINGER, *Jesus I* (Anm. 1), 20.
70 RATZINGER, *Jesus II* (Anm. 4), 267.
71 RATZINGER, *Jesus II* (Anm. 4), 299.
72 Cf. RATZINGER, *Jesus II* (Anm. 4), 267.

werden. Zugespitzt formuliert bedeutet das Ereignis der Auferstehung Jesu eine Problematisierung des „historischen Jesus", sie bedeutet die Infragestellung dessen, dass die historische Forschung überhaupt einsichtig machen kann, weshalb gerade *dieser* Mensch als der Sohn Gottes geglaubt und bekannt wird.[73] Dieser Versuch wird in Ratzingers Darstellung – trotz der wiederholten Hinweise auf die „Grenzen" der „historischen Methode"! – dennoch unternommen. Spürt Ratzinger diese innere Spannung vielleicht doch irgendwie, wenn im zweiten Teil seines „Jesus von Nazareth" die historische Apologetik merklich zurücktritt zugunsten von dezidiert theologischen Ausführungen?

Dies führt zu einer abschließenden Beobachtung. Im Vorwort zum zweiten Band seiner Jesusdarstellung kündigt Ratzinger an, dass er hoffe, noch einen dritten „kleinen Faszikel" über die Kindheitsgeschichten der Evangelien vorlegen zu können, er fügt aber hinzu:

> „Von der … erläuterten Grundabsicht des Buches her, die Gestalt Jesu, sein Wort und sein Tun zu verstehen, ist klar, dass die Kindheitsgeschichten nicht zur eigentlichen Intention dieses Buches gehören konnten."[74]

Er nimmt damit seine im ersten Band gegebene Ankündigung auf, nach der er ursprünglich

> „mit dem zweiten Teil … auch das Kapitel über die Kindheitsgeschichten nachliefern zu können [hoffe], weil es mir vor allem vordringlich schien, Gestalt und Botschaft Jesu in seinem öffentlichen Wirken darzustellen und dazu zu helfen, dass lebendige Beziehung zu ihm wachsen kann"[75].

---

[73] Die mit dieser Frage, im Anschluss an Apg 2,36 von Eberhard Jüngel repräsentativ für viele Ausleger formulierte Begründung der *theologischen* Notwendigkeit der Suche nach dem „historischen Jesus" hat aus meiner Sicht keinen Anhalt am neutestamentlichen Text, siehe dazu MARTIN BAUSPIESS, *No quest for the historical Jesus? Leistungen und Grenzen der Sicht Rudolf Bultmanns für die historische und theologische Frage nach Jesus*, in: ULRICH H.J. KÖRTNER – CHRISTOF LANDMESSER ET AL. (ed.), *Bultmann und Luther. Lutherrezeption in Exegese und Hermeneutik Rudolf Bultmanns*, Hannover 2010, 123-154: 148f, gegen EBERHARD JÜNGEL, *Zur dogmatischen Bedeutung der Frage nach dem historischen Jesus*, in: id., *Wertlose Wahrheit. Zur Identität und Relevanz des christlichen Glaubens* (Theologische Erörterungen III), Tübingen [2]2003, 214-242: 219.

[74] RATZINGER, *Jesus II* (Anm. 4), 14.

[75] RATZINGER, *Jesus I* (Anm. 1), 23.

Ist dies aber im Sinne der Konzeption Ratzingers wirklich konsequent? Verfolgen nicht auch die Evangelien genau diejenige Absicht, die Ratzinger als seine eigene benennt? Alle vier Evangelisten setzen diese aber dadurch um, dass sie Jesu Geschichte nicht „historisch" beginnen lassen, sondern zuerst über Jesu Ursprung in Gott selbst – und das heißt: *außerhalb* der Menschheitsgeschichte – reflektieren. Die Kindheitsgeschichten bei Matthäus und Lukas schaffen insofern nicht etwas vollständig Neues, sondern sie knüpfen an Signale an, die der Verfasser des Markusevangeliums bereits in Mk 1,1-3 setzt.[76] Und auch der Johannesprolog (Joh 1,1-18) hat im Grunde keine andere Funktion als die Kindheitsgeschichten, nämlich, die im Folgenden erzählte Geschichte des Irdischen in das Licht seines göttlichen Ursprungs zu stellen. All diese Texte zeigen, dass man Jesu Geschichte nach der Auffassung der Evangelisten nur begreifen kann, wenn man sie von Anfang an *theologisch* versteht. Dass Ratzinger die Kindheitsgeschichten nicht in seine Darstellung zu integrieren vermag, deutet darauf hin, dass sein Konzept, mit dem er doch „den Jesus der Evangelien" darstellen will, auf eine unüberwindliche Spannung stößt, die sich zwischen der historischen und der theologischen Frage nach Jesus auftut. So hat sein Entwurf aber auch das große Verdienst, auf die entscheidende Frage hingewiesen zu haben, um die es bei der Beschäftigung mit der geschichtlichen Gestalt Jesu in theologischer Perspektive geht.

3. Der „wirkliche" Jesus und die historische Frage nach Jesus

Wie steht es nun also um die „Grenze der historischen Methode", auf die Ratzinger selbst aufmerksam macht?

---

[76] Wenn in Mk 1,2 unter Anspielung auf Ex 23,20 gesagt wird, dass Gott seinen Engel „vor deinem Angesicht her" sendet und dies als im Auftreten des Täufers erfüllt angesehen wird, dann ist deutlich, dass hier Gott eine Aussage an Jesus gerichtet formuliert, der demnach als präexistent vorgestellt ist. Wenn in 1,11 dann noch einmal ausdrücklich Gott sich an „seinen Sohn" wendet, dann findet dies dort eine deutliche Aufnahme. Markus setzt somit explizite Signale am Beginn seines Evangeliums, die erkennen lassen, dass man Jesu Geschichte nur verstehen kann, wenn man sie von seinem Sein aus der Wirklichkeit Gottes heraus begreift. Dieses Sein aber kann historisch nicht anschaulich werden, weil es das innergeschichtlich Aussagbare transzendiert.

In der Diskussion ist mit Recht darauf hingewiesen worden, dass diese wohl nicht schon darin gesehen werden kann, dass sie „das Wort in der Vergangenheit belassen" müsse. Sowohl im Bezug auf die antike Geschichtsschreibung als auch im Horizont grundsätzlicher geschichtshermeneutischer Überlegungen ist deutlich geworden, dass für historische Forschung und Geschichtsschreibung von Anfang an der Gegenwartsbezug der Geschichte immer im Blick ist: „Geschichte"[77] ist Repräsentation von Vergangenheit für die eigene Gegenwart.[78]

Deutlicher als dies in der gegenwärtigen Diskussion geschieht, ist m.E. aber darauf hinzuweisen, dass Geschichtsdarstellungen eine ganz *bestimmte Weise* sind, die Relevanz des historisch Dargestellten für die eigene Gegenwart einsichtig zu machen. Gegen einen breiten Trend der gegenwärtigen Forschung bin ich der Meinung, dass sich die in den Evangelien ganz bewusst eingenommene nachösterliche Perspektive auf die Gestalt des irdischen Jesus nicht mit einer sinnvollerweise als „historisch" zu bezeichnenden Darstellungsweise verbinden lässt.[79] Denn der Anspruch, dass der irdische Jesus mit dem im

---

[77] Der neuzeitliche Geschichtsbegriff vereinigt zwei voneinander unterscheidbare Aspekte: Er bezeichnet einerseits die *Ereignisse* der Vergangenheit, andererseits deren *Darstellung* (cf. REINHART KOSELLECK, *Art. Geschichte, Historie V.; VI.*, in: ID. ET AL. [ed.], *Geschichtliche Grundbegriffe* Band 2, Stuttgart 1975, 647ss.). Die mit dem Geschichtsbegriff gestellte hermeneutische Frage besteht demnach darin, wie genau es vom Ereignis zur Darstellung kommt, oder umgekehrt: in welcher Weise das Ereignis durch die Darstellung präsent ist.

[78] Cf. dazu etwa KNUT BACKHAUS, *Lukas der Maler: Die Apostelgeschichte als intentionale Geschichte der christlichen Erstepoche*, in: id./GERD HÄFNER, *Historiographie und fiktionales Erzählen. Zur Konstruktivität in Geschichtstheorie und Exegese* (BThSt 86), Neukirchen-Vluyn 2007, 30-66; ECKARD REINMUTH, *Neutestamentliche Historik. Probleme und Perspektiven* (ThLZ.F 8), Leipzig 2003, 35-63.

[79] Entscheidende Argumente für die These, dass auch unter gegenwärtigen erkenntnistheoretischen und geschichtshermeneutischen Bedingungen von einem präzise fassbaren Paradigma von „Geschichtsschreibung" ausgegangen werden kann, finden sich etwa bei LUDGER JANSEN, *Die Wahrheit der Geschichte und die Tugenden des Historikers*, ZphF 62 (2008), 471-491, cf. auch den wichtigen Aufsatz von ERHARD BLUM, *Historiographie oder Dichtung?*, in: ID. – WILLIAM JOHNSTONE – CHRISTOPH MARKSCHIES (ed.), *Das Alte Testament – Ein Geschichtsbuch? Beiträge des Symposiums „Das Alte Testament und die Kultur der Moderne" anlässlich des 100. Geburtstags Gerhard von Rads (1901-1971) Heidelberg, 18.-21. Oktober 2001*, Münster 2005, 65-86.

nachösterlichen Bekenntnis bezeugten Sohn Gottes identisch ist, wird in diesen Texten nicht durch *historische* Argumentation, deren Merkmale etwa im Verweis auf historische Augenzeugenschaft oder auf allgemein zugängliche Quellen bestehen, einsichtig gemacht.[80] An diese Beobachtung lässt sich tatsächlich die Frage anschließen, ob damit nicht auch eine *hermeneutische* Grundentscheidung verbunden ist. Sie besteht darin, dass die Wirklichkeit der Person Jesu nur über das Osterzeugnis vermittelt zugänglich ist. Diese Wirklichkeit zu erkennen und anzuerkennen, bedeutet im Neuen Testament ja bereits: zu *glauben.*

Wird diese hermeneutische Grundentscheidung aber in Ratzingers Darstellung tatsächlich ernst genommen? Der „Konstruktionspunkt" seiner Darstellung ist jedenfalls nicht das Osterzeugnis, sondern ein dezidiert *historischer.* Sein Konzept läuft auf eine Harmonisierung von historischer und theologischer Perspektive hinaus. Anders als die Kritik an Ratzingers Skepsis gegenüber der historischen Forschung nahelegt, traut er der historischen Forschung theologisch gerade nicht zu wenig, sondern *zu viel* zu. Denn ihr wird aufgebürdet, den Glauben an Jesu „Gottheit" historisch plausibel zu machen. Damit wird der historischen Forschung etwas zugemutet, was diese nicht leisten kann und auch gar nicht leisten muss. Denn der Gedanke der Inkarnation des Gottessohnes in dem Menschen Jesus von Nazareth bedeutet keineswegs, dass dessen „Gottheit" historisch einsichtig werden müsste.[81] Der damit erhobene Anspruch für Jesus ist vielmehr allein im *Zeugnis* von Jesus Christus greifbar, das zum Glauben an Jesus aufruft. In diesem Sinne hat bereits Hans-Georg Geyer völlig zutreffend in der Auseinandersetzung mit Wolfhart Pannenberg bemerkt:

---

[80] Dies geschieht auch nicht – wie in diesem Zusammenhang nicht ausführlich begründet werden kann – im lukanischen Doppelwerk, denn die „Quellen", auf die der Verfasser in Lk 1,1-4 anspielt, setzen die Ostererscheinungen voraus und gewinnen nur für denjenigen Plausibilität, der selbst von der Wirkung des Christusgeschehens ergriffen ist, wie dies bei „Theophilus" ja auch der Fall ist.

[81] Siehe dazu MARTIN BAUSPIESS, *„Doketismus" als theologisches Problem. Zur Bultmann-Käsemann-Kontroverse um den Wirklichkeitsbezug der johanneischen Theologie,* in: id. – CHRISTOF LANDMESSER – FRIEDERIKE PORTENHAUSER (ed.), *Theologie und Wirklichkeit. Diskussionen der Bultmann-Schule* (Theologie Interdisziplinär 12), Neukirchen-Vluyn 2011, 185-219.

„[D]ie Immanenz der Offenbarung Gottes in der Geschichte Jesu Christi hatte und hat nicht, weder prinzipiell noch faktisch, die historische Erkennbarkeit zur Konsequenz, sondern die Wortverkündigung, das Kerygma, das die dem ‚Geschick Jesu von Nazareth' selbst eignende ‚Tatsache, daß Gott in ihm offenbar ist' verheißt, und nicht einfach als Faktum der Vergangenheit berichtet."[82]

Indessen ist Ratzinger aus meiner Sicht gegen einige seiner Kritiker darin Recht zu geben, dass der in den Evangelien erhobene Anspruch für Jesus darin besteht, dass in Jesu Person die Wirklichkeit Gottes selbst als Mensch unter die Menschen getreten ist. Der Glaube an Jesu „Gottheit" ist keineswegs eine Erfindung späterer Jahrhunderte, sondern er gehört zu den Grundüberzeugungen des Urchristentums.[83] Aus dieser Sicht muss die Gestalt des irdischen Jesus den Raum des historisch Beschreibbaren aber notwendig sprengen. So führt die Frage nach dem „historischen Jesus" die Theologie auf die Grenze von Theologie und Geschichte. Ratzinger benennt diesen Standort mit Recht. Gegen seine Konzeption ist aber darauf zu bestehen, dass diese Grenze nicht überschritten wird. An dieser Stelle ist eine deutlichere Unterscheidung zwischen „Methode" und „Hermeneutik" notwendig.

---

[82] HANS-GEORG GEYER, *Geschichte als theologisches Problem. Bemerkungen zu W. Pannenbergs Geschichtstheologie,* in: id., *Andenken. Theologische Aufsätze,* ed. HANS THEODOR GOEBEL, DIETRICH KORSCH, HARTMUT RUDDIES und JÜRGEN SEIM, Tübingen 2003, 39-52, 49.

[83] Gegen PAUL WESS, *War Jesus „wirklich als Mensch Gott"? Für eine Revision der dogmatischen Christologie,* in: HÄRING (ed.), *„Jesus von Nazareth" in der wissenschaftlichen Diskussion* (Anm. 2), 125-146, v.a. 145s., cf. auch HÄRING, *Jesus – logischer gemacht?* (Anm. 11), 117s. Dass sich bereits für die frühesten Traditionen, sowohl bei Paulus als auch bei den Synoptikern, eine „hohe" Christologie nachweisen lässt, die einen Anknüpfungspunkt für die später ausgebildete Trinitätslehre bietet, ist in der neueren Forschung von unterschiedlichen Fragestellungen ausgehend herausgearbeitet worden, so etwa bei HANS-JOACHIM ECKSTEIN, *So haben wir doch nur einen Herrn. Die Anfänge trinitarischer Rede von Gott im Neuen Testament,* in: id., *Kyrios Jesus. Perspektiven einer christologischen Theologie,* Neukirchen-Vluyn 2010, 3-33; SIMON J. GATHERCOLE, *The Preexistent Son. Recovering the Christologies of Matthew, Mark, and Luke,* Grand Rapids/Cambridge 2006; LARRY HURTADO, Lord Jesus Christ. Devotion to Jesus in Earliest Christianity, Grand Rapids/Cambridge 2003 und zuletzt JAN DOCHHORN, *Zu den religionsgeschichtlichen Voraussetzungen trinitarischer Gottesvorstellungen im frühen Christentum und in der Religion Israels,* in: VOLKER H. DRECOLL (ed.), *Trinität* (Themen der Theologie 2), Tübingen 2011, 11-79.

Als *Methode* ist die historisch-kritische Exegese schon allein durch die Tatsache gerechtfertigt, dass es sich bei den neutestamentlichen Texten um historisch gewachsene Literatur handelt, die sich zudem – jedenfalls teilweise – auf historische Ereigniszusammenhänge bezieht. Sie bedarf keiner eigenen theologischen Begründung.[84] Sie verfährt darin methodisch, dass sie, ausgehend von Beobachtungen an den Texten, historisch plausible Entstehungsmodelle entwickelt, wie dies grundlegend in der Unterscheidung von Tradition und Redaktion geschieht, und – wo ihr dies möglich ist – einen historisch plausiblen Ablauf der geschilderten Ereignisse rekonstruiert. Gerade so kann sie einen theologisch bedeutsamen Interpretationsprozess aufdecken, der sich im Prozess der Entstehung der Evangelien vollzogen hat. Dieser Prozess wird bei Ratzinger zu wenig beachtet. Indem er die historische Methode theologisch überfordert, traut er ihr auf ihrem ureigensten Gebiet zu wenig zu. Sie kann, als historische Methode, zeigen, wie das Zeugnis von Jesus Christus in veränderten Diskussionslagen unterschiedlich zur Sprache gebracht worden ist. Daran kann die theologische Reflexion anknüpfen, die diesen Interpretationsprozess auf seine innere Konsistenz und theologische Sachgemäßheit hin befragt. Daraus folgt allerdings nicht, dass es eine eigene „Hermeneutik des Glaubens“ gäbe. Hermeneutische Reflexion kann nur die *allgemein* menschlichen Verstehensbedingungen bedenken. Sie hat in diesem Zusammenhang aber auch die Frage nach der *Perspektive* zu stellen, aus der heraus die Geschichte Jesu verstanden wird. An *dieser* Stelle – und nicht bei der Entscheidung über die Methode! – hat der Glaube seinen Ort. Der Glaube an Jesus Christus impliziert, dass auf der Grenze von Theologie und Geschichte das Osterzeugnis steht, ohne das die menschliche Vernunft die Wirklichkeit der Person Jesu von Nazareth nicht erkennen kann.

---

[84] Einen Versuch, die theologische Bedeutung der historisch-kritischen Methode aus evangelischer Perspektive zu begründen, hat GERHARD EBELING, *Die Bedeutung der historisch-kritischen Methode für die protestantische Theologie und Kirche*, in: id., *Wort und Glaube*, Tübingen 1960, 1-49 unternommen. ODA WISCHMEYER, *Hermeneutik des Neuen Testaments. Ein Lehrbuch* (NET 8), Tübingen – Basel 2004, 208 sieht hier eine unsachgemäße „Theologisierung“ der historischen Kritik vorgenommen, durch die diese ihre genuine Funktion verloren habe. An dieser Stelle hätte die Sachdiskussion aus meiner Sicht einzusetzen.

NACHWORT DES HERAUSGEBERS

Die in diesem Band publizierten Vorträge wurden im Rahmen der 55. Europäischen Tagung für Konfessionskunde gehalten. Dieses Symposion des Konfessionskundlichen Instituts fand vom 4. bis 5. März 2011 in Bensheim statt. Ergänzt wurde der Band durch den Beitrag von Martin Bauspieß, der die Aufgabe übernahm, die Jesusdarstellung Joseph Ratzingers detailliert zu untersuchen, die im Hintergrund der Tagung durchaus präsent war. Allen Autoren sei für Ihre Bereitschaft gedankt, die Tagung zu gestalten und ihre Vorträge für eine Publikation zur Verfügung zu stellen.

Bei der Herausgabe des Bandes haben in vielfältiger Weise die ehemaligen bzw. derzeitigen Praktikantinnen und Praktikanten des Konfessionskundlichen Instituts beigetragen. Zu nennen sind vor allem Gesine Traversari, Christiane Alpers, Katharina Krause und Markus Eichler. Auch ihnen gilt mein herzlicher Dank.

Paul Metzger

PERSONEN- UND SACHREGISTER

Die Autoren zitierter Literatur sind in diesem Register nicht erfasst.

ANSCHRIFTEN DER AUTOREN

Dr. Martin Bauspieß
Goethestraße 21, 72636 Frickenhausen

Prof. Dr. Martin Karrer
Missionsstraße 9b, 42285 Wuppertal

Pfarrer Dr. Paul Metzger
Ernst-Ludwig-Straße 7, 64625 Bensheim

Prof. Dr. Johanna Rahner
Diagonale 9, 34109 Kassel

Prof. Dr. Joachim Ringleben
Platz der Göttinger Sieben 2, 37073 Göttingen

Prof. Dr. Notger Slenczka
Unter den Linden 6, 10099 Berlin

Prof. Dr. Thomas Söding
Universitätsstraße 150, 44780 Bochum

Prof. Dr. Helmut Schwier
Karlstraße 16, 69117 Heidelberg

MD

Protestantismus
Katholizismus
Orthodoxie
Ökumene

MATERIALDIENST
des Konfessionskundlichen Instituts Bensheim

erscheint im Jahrgang

63 / 2012

LEITARTIKEL
Profil und Position

HAUPTAUFSATZ
Grundsätzliches klären

BERICHTE – ANALYSEN
aus den Konfessionen

SERIEN
zu elementaren Themen

DOKUMENTATION
wichtiger Texte

INFORMATIONEN
zu aktuellen Ereignissen

REZENSIONEN
von Neuerscheinungen

Materialdienst des Konfessionskundlichen Instituts Bensheim [MdKI]

Herausgegeben vom Konfessionskundlichen Institut des Evangelischen Bundes
Kollegium: Martin Bräuer, Walter Fleischmann-Bisten, Alexander F. Gemeinhardt (Redaktion) und Paul Metzger

Der MD erscheint sechsmal im Jahr | Einzelheft 5,– Euro, Jahrgang [120 Seiten] 27,– Euro [für Studierende 17,– Euro] inkl. Versandkosten | ISSN 0934-8522 | Telefon 06251.8433-0, info@ki-eb.de | **www.mdki.de**